# のぎたび

in

ハワイ
白石麻衣 & 松村沙友理

スペイン
齋藤飛鳥 & 星野みなみ

ニューカレドニア
堀未央奈 & 北野日奈子

乃木坂46

# CONTENTS


## 白石麻衣 & 松村沙友理 in Hawaii …… 4

やりたいことList …… 6

ハワイ3日間大満喫プラン …… 8

MUST EAT …… 12

MUST GO …… 14

LOCATION LIST …… 16

旅行情報誌『るるぶ』プレゼンツ
ハワイおすすめスポット …… 19

MAP …… 22

PHOTO STORY …… 24

TALK 1 …… 32　TALK 2 …… 46　TALK 3 …… 50

SAYU MAI in Hawaii Instagram …… 54

## 齋藤飛鳥 & 星野みなみ in Spain …… 58

やりたいことList …… 60

スペイン盛りだくさん旅プラン …… 62

MUST EAT …… 66

MUST GO …… 68

LOCATION LIST …… 70

旅行情報誌『るるぶ』プレゼンツ
スペインおすすめスポット …… 73

MAP …… 76

PHOTO STORY …… 78

TALK 1 …… 94　TALK 2 …… 98　TALK 3 …… 106

ASYU MINA in Spain Instagram …… 108


## 堀未央奈 & 北野日奈子 in New Caledonia

堀未央奈 & 北野日奈子 in New Caledonia …… 114

やりたいことList …… 116

ニューカレドニア味わいづくしプラン …… 118

MUST EAT …… 122

MUST GO …… 124

LOCATION LIST …… 126

旅行情報誌『るるぶ』プレゼンツ
ニューカレドニアおすすめスポット …… 129

MAP …… 132

PHOTO STORY …… 134

TALK 1 …… 144　TALK 2 …… 152　TALK 3 …… 156

HORI KITA in New Caledonia Instagram …… 164

# 白石麻衣 & 松村沙友理 in Hawaii

乃木坂イチの仲良しコンビ「さゆまい」が選んだのは、常夏の国・ハワイ！
写真集の撮影で訪れるなどハワイは3回目という松村さんが、
ハワイ初めての白石さんを案内する、スペシャルな3日間です！

# 今回の旅でやりたいことList!

## 01 お腹いっぱい食べたい

「日本だと、今野さんにあんまり食べちゃダメ！って言われるから（笑）。好きなだけ食べられるのは今回の旅だからこそ！」（白石さん）

ハワイっぽい
フードも楽しんで！

## 02 お酒も飲んじゃいたい

外でお酒を飲むのも、海外ならではは。「可愛くておいしいお酒が飲みたい！」（白石さん、松村さん）

Aloha!

## 03 海にいっぱい入りたい！

「前に二人で沖縄を旅行した時、テンション上がりすぎて水着ファッションショーしたよね（笑）」（白石さん）

## 04 イルカに会いたい！

「イルカがいるところ！」（白石さん）「たしかに！ イルカさんと泳ぎたい！」（松村さん）

予定は10対0で
沙友理ちゃんに
お任せします！

## 05 テーマははしゃぐ！

「普段はあまりアクティブじゃないから、この旅でははしゃぎたい！」（白石さん）

Cycling!

さゆまい
イチオシ!

# ハワイ3日間大満喫プラン

**DAY1** ハワイのおしゃれスポットを散策&パンケーキ、ステーキなどなど、ハワイアンフードを食べつくす!

## 12:20
### 松村さん、ホノルルに到着

一足先にホテルにチェックインすべく、ザ・リッツ・カールトン・レジデンス・ワイキキビーチへ。お部屋はプレミア・オーシャンビュー・3ベッドルームスイート! ワイキキが一望できるお部屋に松村さん大興奮!

## 13:30
### 白石さん、ダニエル・K・イノウエ国際空港に到着

初めてのハワイに少し緊張気味の白石さん、空港に到着。松村さんからの連絡を待ちつつ、市街地の方へと歩き出す

## 14:00
### 松村さん、ホテルからタクシーに乗車&白石さんに電話

大人気パンケーキ店ブーツ アンド キモズをそれぞれ目指すことに! 白石さんは慣れない英語を駆使してタクシーを呼ぶことになんとか成功

ブーツ アンド キモズ……うん……

## 14:40
### お目当てのブーツ アンド キモズが15時閉店だと判明!

あと15分ほどのところにいた松村さん、ドライバーに「リトルファスト! ファスト!」と伝える

## 14:50
### 松村さん、ブーツ アンド キモズに到着

テイクアウトでマカダミアナッツパンケーキ、オムレツ、フレンチトーストを購入。白石さんが到着するまで、付近のおしゃれショップを散策&Tシャツを2枚購入

おいしい!
パンケーキふわふわ!

## 15:20
### 白石さん、ブーツ アンド キモズに到着。二人がようやく合流!

お店の外のテーブルでアメリカンサイズのパンケーキなどを堪能♡ 二人っきりのほったらかし旅がスタート!

## 15:50

### 近くのカイルアビーチに向かうため、レンタサイクルショップのペデゴ カイルアへ

試し乗りをしてみたところ、スカートの裾をたくし上げなければならず、ちょっと恥ずかしいので断念

わぁ！
めっちゃ速い！

## 16:15

### カイルアでお買い物

買いたいのは、アロハシャツとお土産！ だったはずが、自分へのお土産が大半に……

- ロコガールのセレクトが可愛い**グアバショップ**
- プロサーファーがオーナーの**ツインアイランド**
- ALOHA Tシャツやサンダルなどを購入した**スプラッシュ！ ハワイ**
- リゾートウェアがたくさん！ **ビキニバード**
- 1950年オープンの老舗シェイブアイス店**ウィルソンストア**
- 日本人オーナーが作るハンドメイドアクセが人気！ **レイナイア**

レイナイアは松村さんが絶対行きたかった！ というおしゃれショップ。二人で約5万円分を爆買い！

柔らかくて
おいしい〜

## 19:00

### ルースズ・クリス ステーキハウスに到着

骨付きリブロースのトマホークステーキとともに、お酒を飲みながらハワイの夜を堪能……

## 21:45

### ホテルに到着

白石さん、スイートルームの広さに驚き！ 本日の戦利品を見せ合いながら、夜は更けていく……

Tシャツ
いっぱい買ったね！

## DAY2

ウミガメとの遭遇、大自然クアロア・ランチでのジップライン……。
普段はインドア派な二人が超アクティブに過ごした一日！

### 7:00
### ホテル出発

タクシーで島の北の方へ。その後、ボートに揺られること20分

### 8:00
### サンドバーに到着！

沖合にくるぶしぐらいの浅瀬が広がる。周りは出会うと幸運になれるとされるウミガメがたくさん訪れるという、シュノーケリングスポット！ 無事、ウミガメに出会えて満足げな二人

他のお客さん見たことない物を食べてる！

### 12:00
### インストラクターのお姉さんおすすめのワイアホレ ポイ ファクトリーでお昼ご飯

ローカル感全開の伝統的なハワイアンフードのお店。タロイモの葉で豚肉を包んで蒸したラウラウと、タロイモのペーストを発酵させたハワイの主食、ポイのセットを食べてみる

### 13:15
### クアロア・ランチへ出発

朝早かったせいか、タクシーの中で松村さんは爆睡……

### 14:30
### クアロア・ランチ到着

まずは水着から着替えるためのTシャツを購入してお着替え。全部で7本のジップラインを滑ることができる。はじめは怖がっていた白石さんもハワイの大自然の景色に目を奪われ、大はしゃぎ

お土産に良さそう！

### 18:00
### ホールフーズ マーケット カハラ店でお土産探し

メンバーや今野さんへのお土産をたくさん購入

## 20:00
### SUSHI iiに到着

日系ハワイ人が経営する、ロコに人気の寿司店。お酒を片手に、手長海老やアワビ、焼きとうもろこし、レインボーロールなどを堪能

海辺で語り合う
カップル、いいなぁ！

## 22:00
### ロイヤル ハワイアン ホテルのマイタイ バーに到着

ビーチ沿いに建つ可愛いピンクのホテルのバーはビーチに面して素敵な雰囲気。カクテルとデザートをいただく

# DAY3

この旅のハイライトとなる、イルカとの出会い！
今年最初で最後の花火を見ながら、3日間を振り返る。

## 9:00
### ホテルで名門イルカ大学学長のイルカゆりこさんと待ち合わせ

自然が残るエリア、ウエストショアのワイアナエ港へゆりこさんの車で出発。その後船に揺られて3時間

## 14:30
### イルカスポットに到着！

しかし白石さんはまさかの船酔い……。先に松村さんがゆりこさんとシュノーケリング。たくさんのイルカたちと泳ぐ。松村さんの呼びかけに応じた白石さんも海の中へ。まるで歓迎しているかのように、イルカたちが二人に向かって泳いできてくれた

## 19:30
### マジックアイランドに到着

ワイキキビーチでは毎週金曜の20時から花火が打ち上げられる。マジックアイランドは絶好の鑑賞スポット。花火を見ながら、この3日間の旅を振り返った二人だった……

今年
初花火だ！

## ブーツ アンド キモズ

マカダミアナッツ
パンケーキ

ハワイのパンケーキランキング1位を獲得! 日本未出店のため、ハワイでしか食べられない!

フレンチ
トースト

ハワイのオムレツランキング2位を獲得! 海老とマッシュルームの入ったオムレツ

シュリンプ
アルフレッド
オムレツ

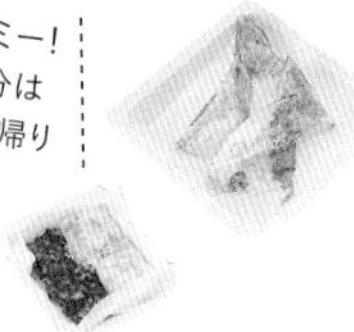

どれもボリューミー!
食べきれない分は
ホテルにお持ち帰り

# MUST

## ウィルソンストア

1950年にオープンしたという老舗。自家製シロップをたっぷりとかけてくれる、写真映え間違いなしのシェイブアイス

いろんな
シロップを
かけてくれる!

レインボー
シェイブアイス

## SUSHI ii

カリフォルニアロールの上にお刺身がのった、ボリューミーでカラフルな巻き寿司

# EAT!!

## ワイアホレ ポイ ファクトリー

「本物のラウラウ&ポイが食べられる」という口コミを見て二人が頼んだハワイのローカルフードのラウラウとポイ。ラウラウとは、タロイモの葉で豚肉などを包んで蒸したもの。ポイとは、タロイモのペーストを発酵させたハワイの主食

## ルースズ・クリス ステーキハウス

とっても柔らかいフィレミニヨンを260℃に熱したお皿の上でこんがり焼く

骨付きの超巨大リブロースステーキ。食べ終わった後、骨をネイティブアメリカンの斧「トマホーク」のように包んで持って帰ることができる

## カイルアタウン

様々なお洒落なセレクトショップなどが立ち並ぶエリア。日本の代官山のようなイメージ。ハワイならではのアイテムやリゾートウェアをゲットできる

# MUST

## サンドバー

潮の満ち引きの関係で沖合にできる、くるぶしほどの浅瀬。周りにはウミガメが多く訪れるというシュノーケリングスポットも。細かく砕けたサンゴによって真っ白な砂浜が作られている。ツアーで訪れることができる

## ペデゴ カイルア

カイルア付近の移動手段は自転車がおすすめ。日本のものよりもはるかにスピードが出るハワイの電動自転車なら、すいすい移動が可能。1時間16ドル

## クアロア・ランチ

現在も牧場として使われる広大な敷地の中で、自然と触れ合うアクティビティができる。また、「ジュラシック・パーク」をはじめとした様々な映画のロケ地としても使用されている。二人が挑戦したジップラインは大自然の中をワイヤーロープで滑り降りるアクティビティ

GO!!!

## ホールフーズ マーケット

巨大スーパーマーケット。オリジナルのエコバッグや石鹸などが売られているため、お土産を買うのにぴったり。とくにばらまき土産はここで探してみて。二人は今野さんへのお土産に、ホールフーズ マーケット カハラ店限定のバッグを購入

こんなに大きいポップコーン！

# ・LOCATION LIST・

白石さん、松村さんが今回訪れたのはこちら。
ワイキキとカイルアのお店たち、ぜひ足を運んでみて。

ザ・リッツ・カールトン・レジデンス・ワイキキビーチ
383 Kalaimoku St, Waikiki Beach, HI USA（**MAP❶**）
☎+1 808-922-8111
https://www.ritzcarlton.com/jp/hotels/hawaii/waikiki/hotel-overview
松村さんと白石さんが宿泊したのがこちら。2018年に全館オープンした最新の高級ホテル！

ブーツ アンド キモズ
151 Hekili St, Kailua, HI USA（**MAP❷**）
☎+1 808-263-7929
https://www.bootsnkimos.com/
日本未上陸のハワイで大人気のパンケーキ店。オムレツなど、パンケーキ以外のメニューも充実

グアバショップ
131 Hekili St #103, Kailua, HI USA（**MAP❸**）
☎+1 808-262-9670
https://guavahawaii.com/
ロコガールのオーナーがセレクトしたハワイらしい服や雑貨が揃うお店。二人はワンピースなどを吟味

スプラッシュ！ ハワイ
143 Hekili St #140, Kailua, HI USA（**MAP❹**）
☎+1 808-262-8080
https://splashhawaii.com/
松村さんは2回訪問！ リゾートサンダルの専門店。放送でも着ていたALOHA Tシャツと、サンダルを購入

ビキニバード

131 Hekili St #103, Kailua, HI USA(**MAP⑤**)

☎+1 808-263-8389

https://bikinibird.com/

スイムウェアから雑貨まで女の子らしいものがたくさんのセレクトショップ。自分へのお土産にTシャツを購入!

ウィルソンストア

20-A Kainehe St, Kailua, HI USA (**MAP⑥**)

☎ +1 808-258-1324

https://sites.google.com/view/wilsonskailua/home

1950年に創業した老舗のシェイブアイス店。壁のイラストは写真映え間違いなし。自家製シロップをたっぷりかけてくれる

レイナイア

35 Kainehe St #101, Kailua, HI USA(**MAP⑦**)

☎+1 808-312-3585

https://www.leinaia.com/

一点もののハンドメイドアクセサリーのお店。壁のフラミンゴのイラストの前で二人と同じ写真を撮影してみては?

ルースズ・クリス ステーキハウス

500 Ala Moana Boulevard, Waterfront Plaza, Honolulu HI USA(**MAP⑧**)

☎+1 808-599-3860

https://www.ruthschris.com/

超有名ステーキ店。豪快なステーキが人気。二人はトマホーク・リブアイステーキやフィレなどお肉をたっぷり堪能!

ワイアホレ ポイ ファクトリー
48-140 Kamehameha Hwy, Kaneohe, HI USA
(**MAP⑨**)
☎+1 808-239-2222
https://www.waiaholepoifactory.com/
伝統的なハワイアンフードが食べられる、超ローカルなお店。二人はラウラウやポイなど、初めて見る料理に挑戦

クアロア・ランチ
49-560 Kamehameha Hwy, Kaneohe, HI USA
(**MAP⑩**)
☎+1 808-237-7321
https://www.kualoa.jp/
東京ドーム450個分の超巨大牧場。二人が行ったジップラインの他、乗馬やロケ地バスツアーなどのアクティビティが楽しめる

SUSHI ii
655 Ke'eaumoku St #109, Honolulu, HI USA
(**MAP⑪**)
☎+1 808-942-5350
https://www.facebook.com/Sushi-ii-169996469710932/
現地で人気のお寿司屋さん。レインボーロールなどのお寿司だけでなく、刺身やおつまみも楽しめる。板前さんのキャラが濃い

マイタイ バー
2259 Kalakaua Ave., Honolulu, HI USA (**MAP⑫**)
☎+1 808-923-7311
https://www.royal-hawaiian.jp/dining/maitai.htm
ピンクが可愛いロイヤル ハワイアン ラグジュアリー コレクション リゾートの中にあるビーチ沿いのバー。ハワイらしいトロピカルなカクテルがおすすめ

さゆまいに行ってほしかった!

旅行情報誌『るるぶ』プレゼンツ

# ハワイおすすめスポット

二人が訪れた場所のほかにも、ハワイには見どころがまだまだたくさん! 『るるぶ』さんおすすめスポットを紹介します。

## 人気のトートバッグが買えるおしゃれショップ

**普段のお買い物にも重宝するトートバッグ。**
**ぜひハワイならではのお気に入りのバッグを手に入れてみては?**

### フードランドファームズ アラモアナ

アラモアナセンター内 1450 Ala Moana Boulevard, Honolulu, HI USA（**MAP⑬**）
☎ +1 808-949-5044
https://jp.foodland.com/

アラモアナセンターのエヴァ(西)ウィングにあり、ハワイのローカルたちに愛され続けている地元密着型スーパーマーケット。フルーツなどローカル感いっぱいのユーモア溢れるデザインがかわいいエコバッグを販売している

折畳みエコバッグ $4.99

パイナップル柄エコバッグ $2.49

### ディーン&デルーカ ハワイ

ザ・リッツ・カールトン・レジデンス・ワイキキビーチ 1 階 383 Kalaimoku St, 1F, Honolulu HI USA（**MAP❶**）
☎ +1 808-729-9720
https://www.deandeluca-hawaii.com

日本でも人気のおいしさを集めた食のセレクトショップ。ディーン&デルーカ ハワイでは、地元のおいしさを再発見してもらえるよう、ローカルの新鮮な食材を活かした様々な商品を扱う。お土産に最適なフードアイテムの他、ハワイ限定デザインのトートバッグなどのグッズも揃う

メッシュトート（ハワイアンブルー）S $32、XL $59

レザーハンドル・ショッパー（リバースデニム）$85

## 写真映え＆おいしいスイーツショップ

**せっかくハワイに来たからには、おいしくて写真映えするスイーツを食べたい！**
**そんな願いを叶える4店をご紹介。**

### クルクル ロイヤルハワイアンセンター店

🏠 ロイヤルハワイアンセンター2階フードコート（パイナ・ラナイ）2233 Kalakaua Ave Ste B1b, Honolulu, HI USA （**MAP⑭**）
☎ +1 808-931-0915
http://www.kulukulucake.com

ストロベリーショートケーキ
$5.95

ストロベリーロールケーキ
$3.95

ハワイの素材も取り入れた日本人パティシエが提案する、繊細な味わいで見た目も美しいケーキやスイーツが好評。ロイヤルハワイアンセンターにあり、ショッピングの合間や食後のデザートスポットに最適。上の写真はロイヤルハワイアンセンター店限定のホヌパフ（$3.75）

---

### ビッグ・アイランド・キャンディーズ

🏠 アラモアナセンター内 1450 Ala Moana Boulevard, Honolulu, HI USA （**MAP⑬**）
☎ +1 808-946-9213
https://www.bigislandcandies.com/

ショートブレッドアソートボックス ディップコンボ$22.50

チョコレートがけマカダミアナッツブラウニー$12.75（MILK）、$13.00（DARK）

1977年にハワイ島ヒロで生まれた、デザイン性の高いパッケージが人気の店。創業以来、変わらぬ味のショートブレッドクッキーをはじめ、ビスコッティ、ブラウニーなどが豊富に揃う。季節ごとの限定ボックスはギフトにぴったり。上の写真は2020年春の限定商品

## サニーデイズ

🏠 3045 Monsarrat Ave., Honolulu, HI USA (**MAP⑮**)
☎ +1 808-799-0034
http://sunnydays-cafe-hanafru.com/

バナナキャラメルパンケーキ $15

サニーボウル$12

モンサラット通りにあるフォトジェニックなヘルシーカフェ。たっぷりのフルーツが盛り付けられたパンケーキやサンドイッチ、ランチプレートが評判。料理のデコレーションの美しさは必撮。ロコガールも通う居心地のいい店内で、カフェタイムを楽しんで。上の写真はベリーベリーパンケーキ($17)

## デック

🏠 クイーン カピオラニ ホテル3階 150 Kapahulu Ave., Honolulu, HI USA (**MAP⑯**)
☎ +1 808-931-4488
https://www.deckwaikiki.com/

東京スタイルリコッタチーズパンケーキ$20

バスクチーズケーキ$12

広々としたテラスから、何にも遮られないダイヤモンドヘッドとワイキキビーチのワイドなビューが楽しめる、なんとも贅沢なダイニング。地元食材を活かしたモダンアメリカンキュイジーヌを、こだわりのオリジナルカクテルやビール、ワインとともに楽しめる。サンセットや夜景も素敵なので夜の利用もアリ

# ·Hawaii MAP·

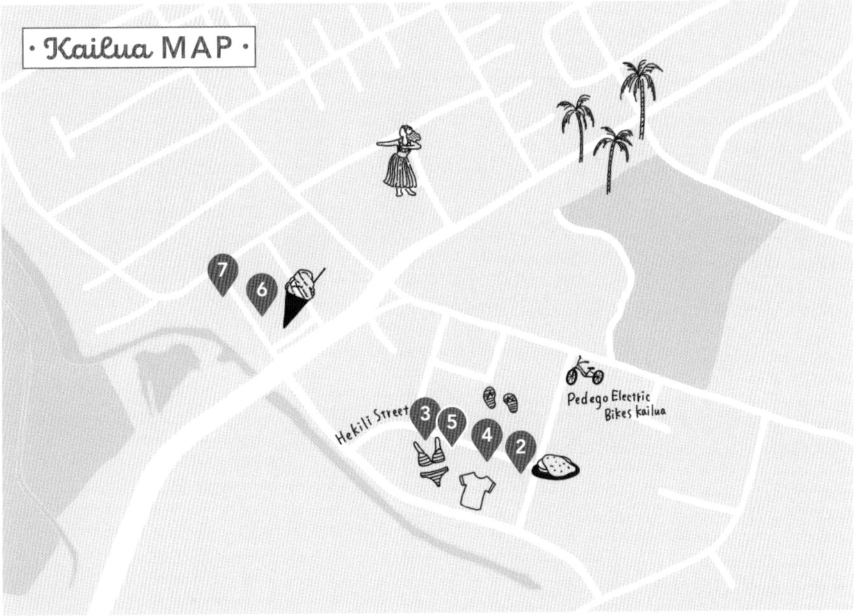
· Kailua MAP ·
7
6
3
5
4
2
Hekili Street
Pedego Electric
Bikes kailua

· Waikiki MAP ·
8
11
13
1
14
12
16

Shopping,
Shopping,
SHOPPING!!!

このお店も
可愛いね

明日着るアロハシャツ
買わなきゃ!

全部が可愛い！
可愛いものいっぱいで嬉しい！

今野さん、心配してるかなぁ？
……絶対してるよ～！

こっちもおいしい!

あーん! してるとこ
自撮りしよ〜

おいしいでしょ?

うん！おいしい！
ハワイって感じ！

お肉食べてますって感じだ！

お揃いの
アロハT
着てみたよ〜
ALOHA

ALOHA
ALOHA

# 生まれ変わったら何になりたい?
# ──うーん、イルカかな。

**松村沙友理さん(以下、松)：**今日１日目だけど、めっちゃ色々やった気がした。

**白石麻衣さん(以下、白)：**たしかに！ 充実してたね。

**松：**充実してたね〜。

**白：**いっぱい買っちゃった！

**松：**今回はハワイ来たでしょ、もし日本じゃなかったらどこに生まれたかった？

**白：**えー！ 難しいね！

**松：**日本以外。

**白：**日本以外かぁ……。ヨーロッパ系の綺麗な青い瞳とか憧れるよね。

**松：**憧れる！ 私昔、「鋼の錬金術師」を見てすごい憧れてた、青目。

**白：**青目ね、可愛いよね。色素が薄くて、抜けるようなブロンドの髪で。羨ましい。あれになりたい。

**松：**わかる〜。

**白：**生まれ変わったら何になりたい？

**松：**イルカ。

**白：**イルカ？

**松：**意外だった？

**白：**うん。

**松：**なんで？

**白：**例えば男とかかなって思ったから。

**松：**あぁ、なるほど。

**白：**イルカかぁ……。なぜ？ 可愛いよね。

**松：**可愛いし、泳ぐの好きだから。でも実はイルカの世界もいじめとかあるらしくて。

**白：**えー！ そうなの？ かわいそう!!

**松：**今ね、たまたま乃木坂だったからみんなすっごく優しくしてくれるけど、私人間社会に出ていってたらちょっとやばそうだなって思う。乃木坂ちゃんで良かったよ。

**白：**乃木坂みんな優しいもんね。

**松：**ね、優しい。誰も私をいじめないけど、たぶんイルカの世界だったらちょっといじめられてるかも。まいやんは何がいい？

**白：**私はメンズがいい。

**松：**うーん、なるほど。何の仕事する？

**白：**えー、何だろうね。

**松：**どっち系？ 体を使う系か頭を使う系か。

**白：**頭使えないから……(笑)。

**松：**でも生まれ変わったらめっちゃ賢くなってるかもよ！

**白：**頭は良くあってほしいけど、程良く緩いくらいがいいから……。両方いい感じに兼ね備えた人がいいな。

**松：**たしかに、なんでもできる人がいいな、生まれ変わったら。

**松：**全然違う人生を歩みたいなぁって思うことあるよね。

**白：**あるある。

**松：**でも、やめたいっていう言葉を口にしちゃいけないっていう雰囲気があるでしょ、世の中的に。お仕事としてとらえると、みんな仕事にプライド持っ

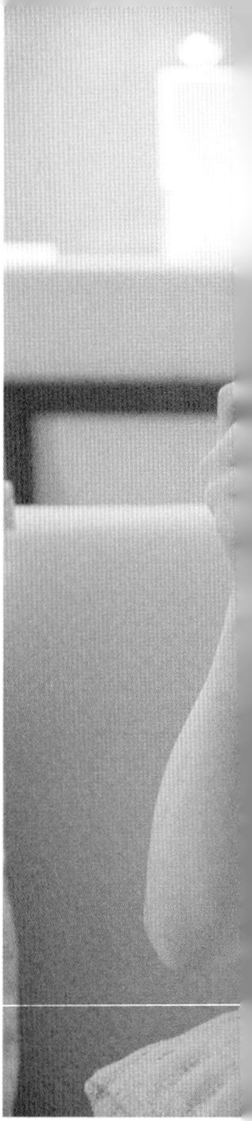

　てやってるんだろうけど、お金を稼ぐってどんなお仕事でも大変じゃん。

**白**：そうだね。

**松**：そう思うと、時にしんどいなって思うのもダメなことじゃないのかなって思う。

**白**：そうだね。

**松**：世の中にもいっぱい、心がしんどくなっちゃって会社休む人がいるしね。

**白**：自分のペースでいいと思うけどね。無理することもないかなって。

**白**：明日は朝からサンドバー行くから、それも楽しんで、明日もいっぱい食べて遊びつくしてね。

**松**：ハワイの思い出いっぱい作らなきゃ。

**白**：写真もいっぱい撮ろう！

**松**：うん。

**白**：というわけで寝るよーそろそろ。お風呂入って。またね。

**松**：おやすみ〜！

ウミガメを探して
シュノーケリングに
挑戦!

海だよ〜!
キラキラで綺麗〜〜!!

えぇ！すごい！なにこれ！
これがポイとラウラウなのかな？

ポイ、ねばねばしてる。
味はないね……？

景色が
めっちゃ綺麗！

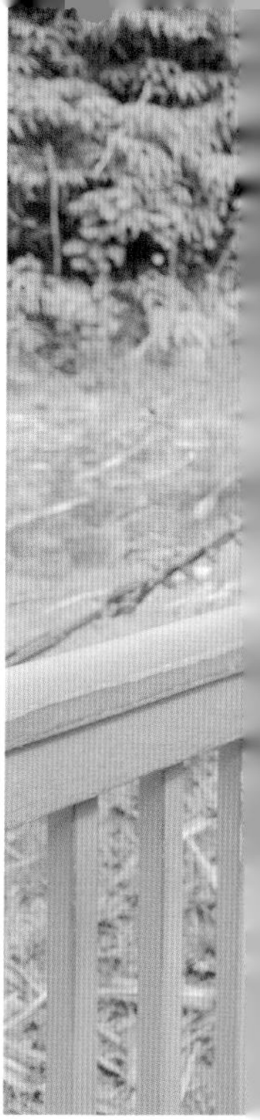

わぁー！
楽しい!!

ポキパーティのための食材と
メンバーのためのお土産を購入！

RANCH
Hawai‘i

extra
10
LOCAL

お姫様みたいで
可愛い席がある!
あの席がいい!

カップルたち、
憧れる〜

海綺麗！
超エメラルドグリーン！

イルカと一緒に泳げた！ すごい、めっちゃ感動！
真正面から近づいてきた！

# 日本だと全然涙出ないのに<br>ハワイだとすぐ涙出てくる。

**イルカゆりこさん（以下、イ）**：仕事ばっかり？

**白石麻衣さん（以下、白）**：う〜ん、結構仕事中心ですね。

**イ**：楽しい？

**松村沙友理さん（以下、松）**：うん！

**イ**：幸せ？

**白**：楽しい！

**イ**：そっか、でもさ。

**白**：辛いこともあるけど。

**イ**：やっぱりあるよね、大変な仕事だから。

**白**：うん。

**イ**：でもさ、人生辛いことがないと成長できないからね。

**白**：そっか。

**イ**：辛いことがあるのはありがたいことだよ。

**白**：うん、いいこと。

**イ**：日本で一生懸命頑張ってると思うけど、自分のためにこういうことしたいなって、そういうことってある？

**松：**すごいある。いっぱいある。

**イ：**めっちゃ頑張ってるよね本当、27歳で。だってうちの一番上の息子と同じ歳だよ。

**松：**やばい、なんかもう泣きそう……。

**白：**ほんとだ！

**松：**仕事はいっぱいしてるけど、プライベートはあんまり何もしてこなかったなぁって思っちゃう。

**イ：**でもそれってみんなのためだよね。それにまだ27歳なんて、人生これから。普通の人だったらまだ駆け出しでしょ。

**白：**うん。

**イ：**それでさぁ、ものすごい山目指して登ったんだもんね。頑張ったねぇ。

**白・松：**うん。

**イ：**でもやっぱり、一緒に頑張ってくれるチームがいるからだよね。

**松：**それが大きいですね。１人だと無理。

**白：**無理無理。

**イ：**乃木坂ガールズたちだ。……綺麗な涙だね。

**白：**溢れ出てくる。

**イ：**泣きたい時は泣いたらいいんだよ。

**松：**本当はあんまり涙出ない人なのに……。

**イ：**泣いても可愛い。綺麗な魂だね〜。

**松：**日本だと全然涙出ないのにハワイだとすぐ涙出てくる。

**イ：**ハワイは自分自身を取り戻せる場所だから。だからみんなハワイに来るんだよ。自然が与えてくれるんだね、大切なものを。

イルカさんありがとう!
マハロ〜!

**松村沙友理さん（以下、松）**：あとは花火だね～。
**白石麻衣さん（以下、白）**：そう！ ここ花火がね！
**松**：上がるんだよね！
**白**：待ってる人多いね。

**白**：どうだった？ この3日間。もうすぐ終わっちゃうけど。
**松**：早くない？
**白**：めっちゃ早い。今日なんて、もう夜？ みたいな。
**松**：結構朝から動いた気がするけど、もう日が暮れちゃったもんね。
**白**：いろんな人に会ったでしょ、この3日間で。ハワイの人の優しさとか温かさを感じたし、ハワイの空気感に触れられた気がする。
**松**：この旅で一回リセットできた感じがするから、良かったなぁって思う。
**白**：たしかに。
**松**：私たち1期生で27歳になって、下の若い子見てると焦っちゃうじゃん。あぁ、もう27歳なんだ、やばいなって思っちゃうけど、ゆりこさんと話してるとこれからまた始めることもいっぱいあるんだなって思った。
**白**：そうだね。そういう時にハワイに来れてすごい良かった。
**松**：たしかに！
**白**：27よ～。
**松**：年取るの楽しいって言ってたもんね、ゆりこさん。
**白**：言ってたね！
**松**：27でこれだけいいかもって思ってるってことは、30代40代はもっとね。
**白**：もっと楽しいかも！ 今がこんな楽しいんだったら。

# 続くかな？ 乃木坂ちゃん。私たちがいつか卒業した後も、続いてほしいな。

**松**：いいよね〜、もっと楽しんで。

**松**：乃木坂ちゃんも、私たちが結成された時とだいぶ変わったじゃん、グループの色とか。
**白**：変わったね〜。
**松**：これからどうなるんだろうね。
**白**：どうなるんだろう。メンバーも大幅に変わったし、新しい子も入ってきて。変わってほしくない部分というか、変わらない部分はたくさんあると思うんだけど、そこに新しい色をどんどんプラスしてこれからももっと大きいグループになっていってほしいなって思う。
**松**：続くかな､乃木坂ちゃん。続いてほしいなって思う。
**白**：続いてほしい。
**松**：私たちがいつか卒業した後も、ずーっと続いてたらさ、子どもに自慢できない？「お母さんこのグループだったんだよ！」って。
**白**：うん！ たしかに！ だし、卒業生とかでもう一回集まってCD出したくない？
**松**：出したい出したい！
**白**：ちょっとレアな、その時だけのCD。また違うと思うなぁ。
**松**：うん。全然違いそう。
**白**：いいね、楽しみだね、これからも。
**松**：ね！ 楽しみ！ ほんといい旅だった。
**白**：いい旅だった！
**松**：ね。ゆっくり改めていろんなことを考えられた。
**白**：うん！ 旅だったね。

いい旅でした！
次のメンバーも
楽しんでほしいね。

3日間あっという間だったね、
一回リセットできた気がする！

# SAYU ♥ MAI in Hawaii Instagram

#乃木坂46 #さゆまい #乃木坂世界旅 #今野さんほっといてよ!
#とうもろこしチーズのせ
#歯にめっちゃ挟まった
おいしかった♡
by 白石麻衣

大好きな ハワイの
レインボーシェイブアイス食べれて幸せ♡
#壁かわいい #さらに可愛い麻衣
#壁さん映えさせてもらって良かったね #大好きなシェイブアイス
#大好きな人と食べると
#幸せがいっぱい
#両手持ちされるカメラに嫉妬
by 松村沙友理

#乃木坂46 #さゆまい #乃木坂世界旅 #今野さんほっといてよ!
#海
#まちゅと青空と左手に最新機器
#キマッてる
by 白石麻衣

二人とも大好きな雲丹さん♡
#sushiii #iiはHawaiiのiiかな?
#全部美味しかった
#店員さんとの会話も宝物
#雲丹は北海道のバフンウニ
#Hawaiiでも感じる日本の良さ
#乃木坂46 #さゆまい #乃木坂世界旅 #今野さんほっといてよ!
by 松村沙友理

#乃木坂46 #さゆまい #乃木坂世界旅 #今野さんほっといてよ!
#ファイヤー松村
#何もってるの?笑 #でも可愛い
#正解は放送を観てね!
by 白石麻衣

これから どんな生き物たちと
会えるのか楽しみだねっ♡
#青い空と青い海青い麻衣
#青いシリーズ
#美しいものは全部青い説
#身体の2パーセントしか見えてなくても美しい
#もはやオーラが美しい
#でもこの後船酔いします
by 松村沙友理

**今野さんへの報告としてアップされたインスタグラム。**
**さゆまいのいちゃいちゃっぷりが感じられてキュンキュンでした！**

#乃木坂46 #さゆまい #乃木坂世界旅 #今野さんほっといてよ!
#さゆまい自撮り
#落ち着く
旅のラスト、ハワイの夜景に花火も見れて最高に楽しかった
by白石麻衣

#乃木坂46 #さゆまい #乃木坂世界旅 #今野さんほっといてよ!
#肉
#ボリューム満点
#溢れ出る肉汁
by白石麻衣

お腹いっぱいの夜
初めてのデザートにも大満足だね♡
#ハワイの美味しいステーキ
#食べたらお土産にトマホークくれます #さぞかし気に入った様子
#ストロベリーとチョコのデザート
#燃やすのは何で?
#火を見ると人間は
#落ち着くのは何で?
by白石麻衣

#パイナップルカクテル
#ナイトバー
#顔より大きい
#隣は松村
#可愛いこと飲むとより美味しい
#乃木坂46 #さゆまい #乃木坂世界旅 #今野さんほっといてよ!
by白石麻衣

#お寿司屋さん
#シメのお味噌汁
#お腹いっぱいになって幸せ気分
#乃木坂46 #さゆまい #乃木坂世界旅 #今野さんほっといてよ!
by白石麻衣

ハワイの夜はステーキに決定♡
#ルースズ・クリス
#もう食べてる
#想像だけで美味しい
#麻衣は手掴み派!?
#真相は番組で
#乃木坂46 #さゆまい #乃木坂世界旅 #今野さんほっといてよ!
by松村沙友理

#さゆりちゃん
#とうもろこしチーズ乗せにかぶりつく
#ギュっと瞑ってる目がたまんない
#乃木坂46 #さゆまい #乃木坂世界旅 #今野さんほっといてよ!
by白石麻衣

お料理きたねー♡
#じゃーん♡ #このじゃーん♡は
#お料理じゃーん♡か #海老じゃーん♡か #どっちでしょう?
#正解は #沙友理ちゃん #ぎゅーしよ♡ #でした。
#乃木坂46 #さゆまい #乃木坂世界旅 #今野さんほっといてよ!
by松村沙友理

#自然なさゆりちゃん
#これからジップライン
#癒された〜
#こんな彼女とデートしたい
#乃木坂46 #さゆまい #乃木坂世界旅 #今野さんほっといてよ!
by白石麻衣

まいちゃん今夜もキマってる♡
#きまりすぎて #もはや別人のオーラ #この人とは #上手く会話できなそう #気難しそう #おれは後ろに立たれるだけでもいやなのでね #とか言いそう #名前はきっと #マイ46
#乃木坂46 #さゆまい #乃木坂世界旅 #今野さんほっといてよ!
by松村沙友理

#シュノーケリングの画
#船に乗ってちょっとそこまで
#海が見えるかなー
#乃木坂46 #さゆまい #乃木坂世界旅 #今野さんほっといてよ!
by白石麻衣

お肉きたー♡
#お肉いただきまーす #テンションあがる #私と麻衣とお兄さん
#観光客のテンションに付き合ってくれる #ハワイの人はみんな優しい #ずっと見てたら #これがさゆりんだよー♡ #って言ってるように見えてきた #乃木坂46 #さゆまい
#乃木坂世界旅 #今野さんほっといてよ!
by松村沙友理

## SAYU ♥ MAI in Hawaii Instagram

#一日目お疲れさま♡
#カクテル美味しかったね
#テラスが気持ち良かった
#この後おっきいお肉くるよ
#ぜーんぶ平らげちゃった♡
#乃木坂46 #さゆまい #乃木坂世界旅 #今野さんほっといてよ!
by白石麻衣

二人でせーのっ Aloha～♡
#このショップさん #全部可愛かった #全部欲しくなった #壁まで可愛くて #最高だった#麻衣と私 #お手て繋いでる!? #繋いでない #どうしても繋いでるように見える #これはもう繋いでる #繋いでることにしよう
#乃木坂46 #さゆまい #乃木坂世界旅 #今野さんほっといてよ!
by松村沙友理

#メニューで悩み中 #店員さんにオススメ聞きながら#とにかくおっきいお肉をください #と、さゆりちゃんは言ってました #かわいい♡
#どんなお肉が来るんだろう #楽しみすぎてワクワクが止まらない♡
#乃木坂46 #さゆまい #乃木坂世界旅 #今野さんほっといてよ!
by白石麻衣

#満足そうなさゆりちゃん
#この笑顔が好き♡
#一日の疲れが全部吹っ飛ぶ最高の笑顔
#私にだけ見せる顔
#独り占めだよ♡
#あーさゆりちゃん会いたい
#乃木坂46 #さゆまい #乃木坂世界旅 #今野さんほっといてよ!
by白石麻衣

#ハワイの夜景 #うっとり #さゆりんと一緒だとやっぱり楽しいね
#同い年って嬉しいね #夜はナイトプールに行ったよ♡ #写真?見せないもん #恥ずかしいから二人だけの思い出♡
#乃木坂46 #さゆまい #乃木坂世界旅 #今野さんほっといてよ!
by白石麻衣

# 齋藤飛鳥&星野みなみ in Spain

乃木坂46 1期生最年少の「あしゅみな」コンビとして、グループ創設当初からペアでの仕事が多かった齋藤さんと星野さん。しかし、実は二人っきりで食事をしたことすらなかったのだとか。マイペースな二人が自由気ままに旅したのはスペイン。マドリッド、トレド、メノルカ島と、盛りだくさんな3日間です。

# 今回の旅で
# やりたいことList!

どれにする？
普通にシーフードかな？

## 01 パエリアを食べたい

「食べきれないんじゃないかというぐらい大きなパエリア鍋のパエリアが食べたい！」（齋藤さん）

## 02 闘牛を見たい

「ちょっと怖そうだけど、見てみたいな」（星野さん）

Torero

うわぁ、
すごい迫力……

## 03　二人でお酒を飲みたい

「スペインで有名なお酒が飲みたい!」（齋藤さん）「メンバーとお酒を飲んだことがないから飲んでみたい!」（星野さん）

二人でお酒って
変な感じだね

## 04　ステンドグラスが見たい

到着しました、
トレド！

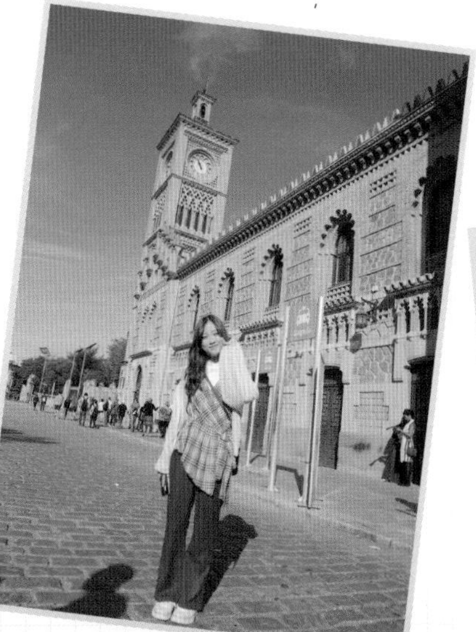

「日本でも見に行くぐらい好き。最近歴史的な建物に興味が出てきた!」（星野さん）

# あしゅみなイチオシ! スペイン盛りだくさん旅プラン

## DAY 1

**セグウェイ観光、お買い物、食べ歩き……。
スペインの首都マドリッドを楽しみつくす!**

### 12:30
### 齋藤さん、マドリッドのオペラ座付近に到着

街を散策しながら、星野さんと事前に決めておいた待ち合わせのカフェへ向かう。カフェへの道すがら、特徴のある看板を写真に撮って、道標を作るという優しさを見せる。待ち合わせのカフェ、サンタ・エウラリアに到着。そのころ星野さんはオペラ駅に向かう地下鉄の中。アナウンスをよく聞いて、無事オペラ駅で下車。齋藤さんに電話して道案内をしてもらい、無事合流! ブランチを食べながらこれから先の予定を決める

いろんなものを
半分こずつ食べたいよね

### 13:30
### セグウェイをもとめてマドリッドの街をうろうろ

セグウェイに乗っている人たちにサン・ミゲル市場のすぐそばにあるというお店の場所を聞くも、サン・ミゲル市場がどこにあるかわからず、マドリッドの街をさまよう。歩くこと40分、到着したWe Madridにてセグウェイでマドリッドの街を回るツアーに参加。アルムデナ大聖堂、カサ・デ・カンポ公園などをセグウェイで回る。セグウェイ経験者の齋藤さんは楽々乗りこなすものの、星野さんは悪戦苦闘……

セグウェイ、どこにあるんだろう……？

## 16:00
## フエンカラル通りでお買い物

星野さんのお母さんへのお土産のお皿を探すも、雑貨店がうまく見つからない……。途中、フローズンヨーグルトの専門店llaollaoでストロベリー&キウイ&チョコレートフローズンヨーグルトを堪能。目当てのお店を目指す

すっごいチョコ！
おいしい！……飛鳥、
チョコまみれだよ（笑）

Lindo!

お母さんへの
お土産探そ〜

## 19:15
## お皿や陶器のセレクトショップ、カンタロに到着

入った途端、22回も「可愛い」を連発。齋藤さん、星野さんともに、お皿2枚と時計を購入

こっちも食べる？
おいしいよ〜！

## 20:00
## サン・ミゲル市場で夜ご飯を食べ歩き

約30のお店が入る、食べ歩きの聖地！ 一口サイズのピンチョスなど、いろいろと食べられる

- **マス**：生ハムの中でも、ハモンセラーノの専門店
- **フェリシア**：搾りたてのフレッシュジュースを作ってくれる
- **モツェアート モッツァレラ バル**：チーズのタパスを18品も取りそろえる

で購入。市場を出て、外で食べるのも海外ならでは

## DAY2

**午前中は星野さんが一人、トレド観光へ！**
**その後、闘牛＆パエリアでマドリッド観光のハイライト。**

9:00

### 星野さん、アトーチャ駅から高速列車に乗車

マドリッドから35分で世界遺産の街、トレドに到着。タクシーで旧市街に。まずは街中を通り抜けるジップラインでトレドの街を一望！

電車一人で乗れたよ
良かった〜

きゃー！
楽しい！

今野さんへの
お土産、
あるかなぁ……？

11:30

### 旧市街でお買い物

お土産物屋さんで今野さんへのお土産、サグラダ・ファミリアの置物を探すも見つからず、代わりにイエス・キリスト生誕の置物を購入。齋藤さんへのお土産として、お揃いのヘアアクセサリーやクッキーを購入。お昼ご飯を食べていると、齋藤さんから電話が。トレドで合流することが決定

Call

街も
写るように
写真撮ろう！

13:30

### トレドの街を見下ろす丘で待ち合わせ。世界遺産の街で写真撮影

### 15:00
## マドリッドへ戻って闘牛場へ

マドリッドで一番大きな闘牛場、ラス・ベンタス闘牛場にはこの日、2万3798人が観戦に訪れていた。本場の闘牛の迫力に圧倒され、牛がかわいそうになってきた二人は、途中で退席……

何
食べよう？

### 20:00
## ラ・シレナ・ベルデで初めての二人ご飯

食べたかったシーフードパエリアや生ハム（ハモン・イベリコ・デ・ベジョータ）などを楽しみつつ、お互いのことを語り合う

## DAY3
**メノルカ島へ出発！**
**ビーチではしゃぎ、バーでじっくり語り合う。**

### 10:00
## メノルカ島へ向けて飛行機で出発

10秒後にシャッターだよ！

### 11:30
## メノルカ島到着、タクシーでビーチに向かう

ビーチの前のお店で麦わら帽子や水鉄砲を購入。透明で映画の中のようなビーチに感動！ 足元だけ水に入って楽しむ

お疲れさま、
カンパーイ！

### 19:30
## 洞窟バー、コバ・デン・ショロイへ

スペイン最後の夕日を眺め、海が見える席でシャンパンを飲みながら乃木坂46としての8年間の思いを語る……

## サンタ・エウラリア

フランスの有名調理師学校で料理を学んだシェフが営むカフェ。30種類のパンすべてが絶品で、マドリッド1パンがおいしいお店として有名

スクランブルエッグとチェダーチーズ

生ハムサンド

生ハム、おいしい！

# MUST

## llaollao

スペイン発祥のフローズンヨーグルト店。お好みでフルーツやチョコレートをトッピングできる。齋藤さん、星野さんが頼んだのが右の写真。チョコレートは冷えてぱりぱりになるんだとか

ストロベリー＆キウイ＆チョコレートフローズンヨーグルト

## サン・ミゲル市場

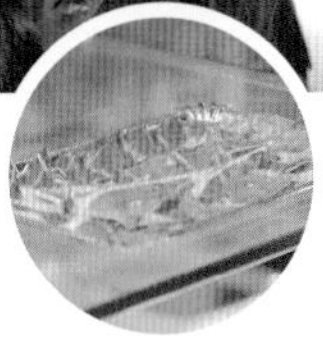

ハモンセラーノの専門店「マス」で購入。スペインにしか生息していないイベリコ豚の生ハム。その場で切り落としてくれるパフォーマンスにあしゅみな大興奮！

# EAT!!

### チーズとサーモン＆チーズと生ハム

チーズタパスの専門店「モツェアート モッツァレラ バル」で購入。お店のほとんどのタパスが3.5ユーロと、お手頃な値段なのも嬉しい

## ラ・シレナ・ベルデ

あしゅみなが食べたかった大きな鍋で提供されたパエリア。くるま海老をふんだんに使った一品。二人にとって初めてのパエリアは想像以上においしかった模様

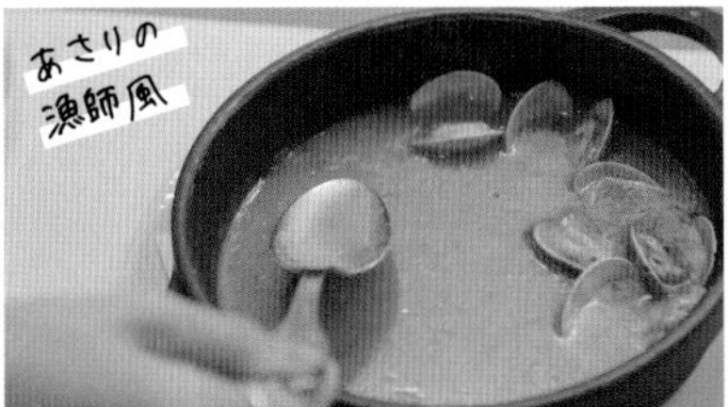


あさりの出汁が贅沢に出ているスープは、パンにつけて食べるのがおすすめ

パエリア、初めて食べたけどすごくおいしい！

## We Madrid

マドリッド市内をセグウェイで回るツアーに参加できる。スペインではセグウェイで公道を走ることができるため、セグウェイの運転も観光も楽しめる。速度は時速8kmぐらい

# MUST

## カンタロ

齋藤さんも星野さんも「可愛い」を連発していた陶器のセレクトショップ。スペイン全土から集められた品揃えは、何時間いても飽きないほど！

## トレド

世界遺産の街。16世紀で歩みを止めた街と言われ、イスラム教、ユダヤ教、キリスト教の文化が融合した都市。中世の街並みが残っているため、映画「ロード・オブ・ザ・リング」のロケ地にもなった。フライ・トレドでは旧市街の中を通り抜けるアーバンジップラインを楽しむこともできる

歴史ある街並みは歩いているだけで楽しい！

## ラス・ベンタス闘牛場

スペイン最大級の闘牛場。伝統的な国技の闘牛を見ることができる。牛との真剣勝負を繰り広げる闘牛士はスペインでは英雄

## メノルカ島／ビーチ

年間約300日が晴れという、メノルカ島。そのため、ビーチにはいつでも絶景が広がっている。全長40kmの小さな島はヨーロッパのセレブにも人気

海の気持ちよさにテンション上がる！

GO!!!

お揃いの麦わら帽子

## メノルカ島／コバ・デン・ショロイ

元々海賊が住んでいたという伝説のある洞窟を利用したバー。切り立つ崖にできた洞窟なので、海に沈む夕日を眺めることができる。店内は迷路のように洞穴が続いており、雰囲気抜群

# ・LOCATION LIST・

齋藤さんと星野さんが訪れたのはこちら。
3日間の中にぎゅっと詰め込みました。

### サンタ・エウラリア

🏠 Calle del Espejo 12, Madrid, Spain（**MAP❶**）
☎ +34 911 38 58 75
https://es-es.facebook.com/SantaEulaliaBoulangeriePatisserie/
齋藤さんと星野さんが待ち合わせしたカフェ。パンがおいしいことで有名で、パン好きの星野さんのために齋藤さんが探したんだとか

### We Madrid

🏠 Plaza San Miguel 7, Madrid, Spain（**MAP❷**）
☎ +34 914 10 13 54
https://worldexperience.com/madrid
セグウェイに乗って観光するツアーを行っている。二人が回ったのはアルムデナ大聖堂からカサ・デ・カンポ公園を目指すコース。90分約35ユーロ

### llaollao

🏠 Calle de Fuencarral 43, Madrid, Spain（**MAP❸**）
☎ +34 915 23 05 10
https://www.llaollaoweb.com/es/
スペイン発祥のフローズンヨーグルト専門店。オリジナルのフローズンヨーグルトが作れる。二人が食べたストロベリー&キウイ&チョコは3.7ユーロ

### カンタロ

🏠 Calle Flor Baja 8, Madrid, Spain（**MAP❹**）
☎ +34 915 47 95 14
http://www.ceramicacantaro.com/
スペイン伝統のタラベラ焼きやスペイン各地から集められた陶器のセレクトショップ。カラフルな色はスペインならでは！

サン・ミゲル市場

Plaza de San Miguel, s/n, Madrid, Spain（**MAP⑤**）

☎ +34 915 42 49 36

https://mercadodesanmiguel.es/

30もの名店が揃う、スペイン最古のフードコート。ピンチョスなど様々なスペイン料理が2ユーロから楽しめる！ 二人は生ハム、フレッシュジュース、チーズなどを購入

フライ・トレド

Bajada San Martín, 6, Toledo, Spain（**MAP⑥**）

☎ +34 693 46 48 45

http://flytoledo.com

世界遺産の街、トレドの街中を約30秒で通り抜ける、アーバンジップラインができる。白石さん・松村さんから話を聞いた星野さんたっての希望で実施！ 1回10ユーロ

ラ・キュール・グルマンド

Calle Comercio 23, Toledo, Spain（**MAP⑦**）

☎ +34 925 25 89 90

http://www.lacuregourmande.es/

1989年創業の老舗お菓子店。可愛い缶に詰まったクッキーは女の子へのお土産に人気。星野さんは齋藤さんへのお土産を購入

ラス・ベンタス闘牛場

Calle de Alcalá 237, Madrid, Spain（**MAP⑧**）

☎ +34 913 56 22 00

https://www.las-ventas.com/

中世から続くスペインの国技、闘牛を行う。スペイン国内の500以上ある闘牛場の中で最上級の格式で、収容人数は2万人以上。毎年3月から10月の日曜・祝日に開催

ラ・シレナ・ベルデ

🏠 Calle Gran Via 62, Madrid, Spain（**MAP⑨**）
☎ +34 915 47 39 10
https://www.facebook.com/LaSirenaVerde/

毎日産地直送で届く新鮮なシーフードが自慢。マドリード市民に50年以上愛される名店。二人はシーフードパエリア（32ユーロ）、生ハム（20ユーロ）、あさりの漁師風（18ユーロ）などを堪能

コバ・デン・ショロイ

🏠 Carrer de Sa Cova n° 2 07730 Cala en Porter, Alaior-Menorca, Spain（**MAP⑩**）
☎ +34 971 37 72 36
https://www.covadenxoroi.com/en

海賊が住んでいたという崖沿いの洞窟に作られたバー。崖から見える絶景の夕日は海外セレブにも人気！ 入場料1ドリンク付きで10ユーロ

みんなも
行ってみてね！

あしゅみなに行ってほしかった!

## 旅行情報誌『るるぶ』プレゼンツ
# スペインおすすめスポット

『るるぶ』さんがおすすめする、トレドとマドリッドのおいしいお店を教えてもらいました。

## トレドのおいしいスポット

**世界遺産の街・トレドの、おいしいお菓子屋さんとレストランをピックアップ。
街歩きに疲れたらぜひ立ち寄ってみて!**

### サント・トメ

Calle Santo Tomé 3, Toledo, Spain（**MAP⑪**）
☎ +34 925 22 37 63
https://www.mazapan.com/

マサパン€7.45/200gは詰め合わせでも

様々な焼き菓子が店頭に並ぶ

マサパンをはじめとするトレドの郷土菓子の有名店。エル・グレコの絵画が見られるサント・トメ教会の裏手にあり、店名も教会の名にちなんでいる。マサパンはアーモンドの粉と砂糖を練り上げたまんじゅうのような甘いお菓子。そのほかにもひと口サイズのお菓子がバリエーション豊富に揃っている

### レスタウランテ・アドルフォ

Calle Hombre de Palo 7, Toledo, Spain（**MAP⑫**）
☎ +34 925 22 73 21
https://adolforestaurante.com/

コース€78やアラカルト€39からなど洗練された郷土料理を味わえる

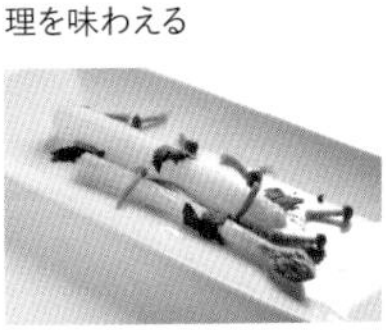

トレドの歴史地区の路地にある。伝統建設を利用した店内も素敵

スペイン国内にとどまらず、世界30カ国以上を旅しながら腕を磨いた有名シェフ、アドルフォ氏のレストラン。トレドを擁するカスティーリャ・ラ・マンチャ州の豊かな食材を使い、素朴なトレドの郷土料理を見た目も美しくアレンジする。3万2000本にも及ぶワインのコレクションも魅力。ランチもディナーも営業

# マドリッドのバル巡り

**バル巡りはスペインならではのお楽しみ。**
**マドリッドなら、スペイン各地の料理を楽しめるお店があるんです。**

## カサ・ラブラ

Calle de Tetuán 12, Madrid, Spain（**MAP⑬**）
☎ +34 915 31 00 81
http://www.casalabra.es/

1860年創業、マドリッドのなかでも屈指の老舗バルがここ。マドリッドの街の中心にあたるプエルタ・デル・ソル広場のすぐそばにあり、昔ながらの店の雰囲気とタパス（つまみ）で古くから市民に愛されている。スペインの国民食であるバカラオ（干しダラ）を使ったフリッターとコロッケは、ぜひ食べてほしい名物料理

フリッター1個€1.55とコロッケ1個€1.05

ハーブの風味が利いた生ベルモットは€2.20

## ラ・ヒラルダ

Calle de Claudio Coello 24, Madrid, Spain（**MAP⑭**）
☎ +34 915 76 40 69
https://restauranteslagiralda.com/

スペインの首都マドリッドでは、マドリッド料理だけでなくスペイン各地の郷土料理を味わえるのも魅力。アンダルシア地方の郷土料理を味わえるラ・ヒラルダは、カラフルな陶器のタイルや大きなシェリー樽など、アンダルシア風のインテリアが特徴。本格的な郷土料理を楽しめるほか、金曜の夜はフラメンコのショーも開催

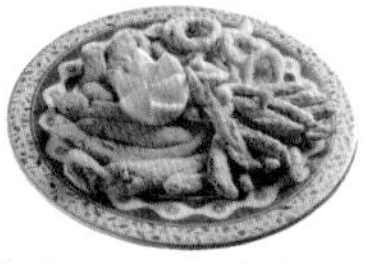

定番メニューは魚介のフリッター€35.60

アンダルシア名産のシェリー酒もおすすめ

カサ・パロンド

🏠 Calle de Trujillos 9, Madrid, Spain（**MAP⑮**）

☎ +34 915 22 62 34

https://casaparrondo.com/

豆とソーセージの煮込み料理は€14

シシトウの素揚げは後を引くおいしさ

食の都として近年注目されている、スペイン北部の料理が味わえる店。豆やチーズをふんだんに使った素朴なアストゥリアス地方の料理とともに、すっきりとしたリンゴの発泡酒シードルを楽しもう。シードルは空気を含ませるとおいしくなるため、注文するとスタッフが高いところから注いでくれるのも見もの！

---

メソン・デル・チャンピニョン

🏠 Calle Cava de San Miguel 17, Madrid, Spain（**MAP⑯**）

☎ +34 915 59 67 90

https://mesondelchampinon.com/ja/

マッシュルームの鉄板焼€6.20。ワイン1杯で店をはしごしても

カウンター席とテーブル席が選べる

マドリッドの台所であるサン・ミゲル市場からのびるカバ・デ・サン・ミゲル通りは、バルが立ち並ぶグルメストリート！ マッシュルームの鉄板焼が名物料理のバルで、アツアツのマッシュルームとサングリアを楽しんでみては？ マッシュルームの鉄板焼は、2本のつまようじでいただくのが本場の食べ方

# ·Spain MAP·

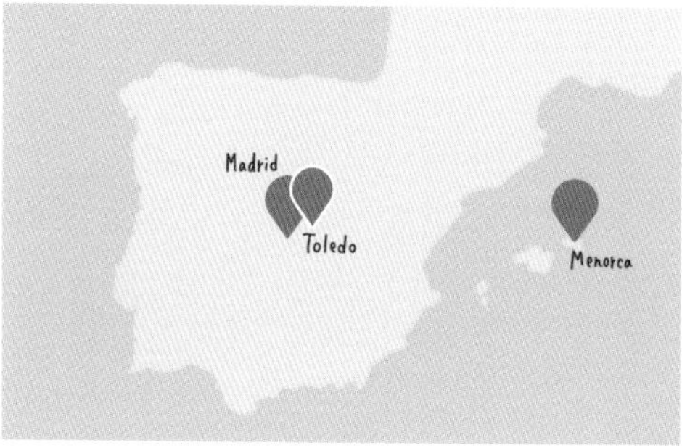


# · Madrid MAP ·

· Toledo MAP ·
6
7
12
11

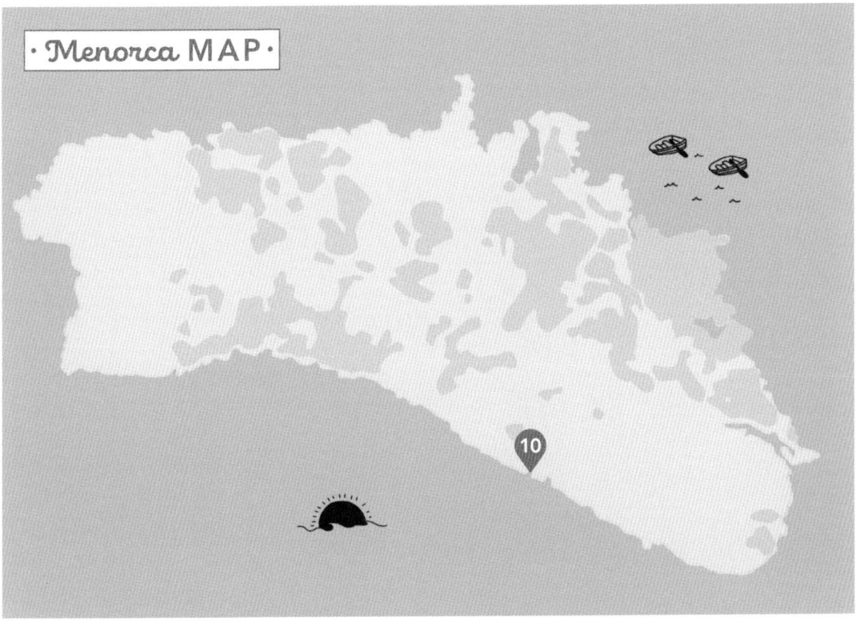
· Menorca MAP ·
10

セグウェイ
観光
楽しい♥
EURO
SEGWAY
EURO
SEGWAY

Ride Segway
and Sightseeing
in Madrid!!!

パン、硬い!
でもこういう硬いパンがおいしいんだよね

生ハムがね、
絶対食べたかったの!

こっちの方に行けば
セグウェイ乗れるかな～？

フォト、フォト！
セルフィ、セルフィ！

何かすごい人が
いるよ……！

みなみちゃん写真上手！
小銭全部入れちゃお

楽しい！
気持ちいい〜！

B'TWIN
セグウェイ、
意外と
速いよ〜

EURO
SEGWAY
EURO
SEGWAY
EURO
SEGWAY

街並み、
綺麗！

こういうとこ、来たかった〜！

生ハムおいしい、なにこれ！
おいしすぎて、涙が出てくる

日本じゃできないから
外で食べるのも楽しいね

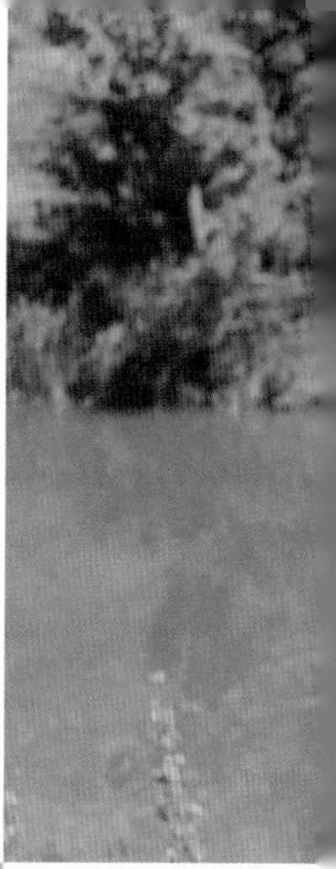

飛鳥ちゃんがトレドに来るまで、
ご飯を食べて待ってよーっと

街全部が
世界遺産なんだって!

闘牛場、大きいね！
入口どこだろう……？

人も多くて
お祭りみたい！

36
37

JUAN JOSE
PADILLA

# カンパーイ
# お酒じゃないけど
# ふふふ
# おいし！

**星野みなみさん（以下、星）**：なんかしゃべって。

**齋藤飛鳥さん（以下、齋）**：でた、みんなに言ってるやつ（笑）。……何がいい？

**星**：うーん、じゃあ、質問大会みたいな感じ！ もう大体知ってるけどね。

**齋**：でも意外と知らないのかな。どっちもあんまりプライベートのこと話したりしないから。

**星**：たしかに。あんま話したくない人。

**齋**：わかる私も。あんまり話したくない人。

**星**：休みの日とか何してるの？

**齋**：休みの日？ めっちゃ仕事が続いてて、ぽっと一日休みだったら、全部メンテナンスに行っちゃう。トリートメント行くとか、マッサージ行くとか。

**星**：寝貯めとかね。わかる。

**齋**：遊び行くぞとかは全然ない。

**星**：私もそうだ。

**齋**：みんな結構さ、仕事終わりにちょっとどっか行こうとか……。

**星**：その元気どこにあるの？って思うよ。

**齋**：すごいよね。

**星**：みなみ的には、仕事でほぼ毎日（メンバーと）会うじゃん。仕事の時に一緒にご飯も食べるでしょ。だからもう、十分。ほぼ一緒に生活しているみたいなものじゃん。だから、一人の時間がほしいなって思っちゃう。

**齋**：うんうん。今って我々は時間を大切にしなきゃいけないから。

**星**：そうなの！ ウチらもう二度と旅行行けないよ。

**齋**：行けないよ〜。

星：わざわざプライベートで行かない限り行けないよ。

齋：本当にみなみが行きたいって言ってくれたから、あれが本当に嬉しかったの。

星：ほんと？ 私結構ぐいぐい言った。

齋：うん、言ってくれたのがめっちゃ嬉しかった。

星：みなみ以外に選択肢いた？ なんかぐいぐい聞いちゃう（笑）。

齋：いいよ、全然言うけど（笑）。誰でも成立はするの、別に。みんな普通に仲は良いしさ。行けるんだけど、私が誰かと二人で長時間いるっていうのがあんまりないから。

星：たしかにね、一人旅行多いしね。

齋：だからそれが大丈夫かなっていう不安と。

星：たしかに。

齋：そう。だから難しくて、すごい考えちゃって。最終的にみなみか他の子ってなってて。でもみなみって行ってくれるのかなって思って（笑）。

星：誘ったの私だから！ やめて（笑）。

齋：一緒に行ってくれるかなって思って。国とかもまだちゃんと決まってなかったから。どうしたらいいんだろうなってなってた時に、行きたいって言ってもらったから。

星：あ、あの時は考えてる途中だったんだ。なるほどね。

齋：あ、行ってくれるんだと思って。

齋：みなみ楽屋とかだと、メンバーと一緒にいることが多いよね。

星：あ、いるかも。わりと。

齋：だからプライベートのことあんま話さないとか、メンバーとご飯行かないとかが結構意外なんだよね。

星：ほんと？ でもたしかに、握手会で「最近メンバーと遊んだ？」とか聞かれるのね。「遊んでないよ」って答えると、「えっ!?」みたいな感じで言われる。

齋：（笑）。意外なんだよ、やっぱり（笑）。

星：言われない？ そんな？

齋：私はもうファンの人にも友達いないと思われてるし。あんま行かないってみんな知ってるから。

星：だから仲悪いの？って思われちゃう。飛鳥とみなみだって、お互い行かない同士なんだから、そりゃ行くわけないじゃん。誘う人じゃないから。

齋：お互いね。

星：永遠に誘われないし、誘わないし。そういう誤解みたいなのが多いかも。

齋：誤解されやすいよね、絶対。

星：すごいされやすい（笑）。大変だね（笑）。

齋：お互いね（笑）。

星：あんなに昔はきゃぴきゃぴしてたのにさ。

齋：ほんと、なんなんだろうね。

星：難しいよね。

シーフードパエリアがいいかなぁ？
あと生ハムとあさりも食べたい！

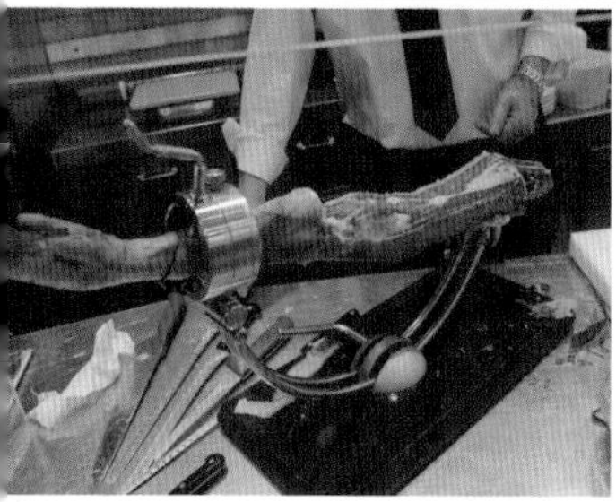

あさり
おいしい!

# なんの仕事が一番好き？
# ——え、難しい！
# でも、ライブかな。

**星野みなみさん（以下、星）：**真面目な話しよ。

**齋藤飛鳥さん（以下、齋）：**真面目な話？

**星：**ウチら絶対しないよね。

**齋：**しない！ しないけどでもわりと二人で仕事する時期もあったでしょ。

**星：**あったね、あしゅみな。その時ずっと一緒に仕事してたよね。

**齋：**一時期ずっと二人でやってたよね。

**星：**セットってなんか、競い合うというか、飛鳥に追い付かなきゃいけない、でも無理なんだけど、みたいな。

**齋：**私も同じ。

**星：**だからいいのかなって。飛鳥とセットで申し訳ない、もっと……。

**齋：**いやそれは、ほんとに……。

**星：**そう、飛鳥はみなみをそう思っててくれたから。お互いそう思ってて、ごめんねーって。そこがぎくしゃくして見えたんだと思う。

**齋：**うん。

**星：**自分に自信がなかった、あの時は。

**齋：**うん、同じ。お互いそうだったんだね。

**星：**あの時ずっと一緒にいたからか、しっくりはくるよね。

**齋：**くる。私もそれは思う。

**齋：**なんの仕事が好き？ 一番。

**星：**え、難しい！ でもライブかな。

**齋：**ライブ、私も好きなんだよね、結構。楽しい。

**星：**うん。リハーサルをずっとして、たくさんの人に見せて。夏も（ライブツアーを）ずーっと頑張って、よし！って感じだから、達成感がすごくある。

**齋：**なるほどね。卒業していったメンバーで女優さんになった子とかいっぱいいるけど、しばらくたってから、ライブがやりたくてやりたくてしょうがないって言いに来るんだって。

**星：**えぇ！ そうなの？

**齋：**ステージが恋しいって言うんだって。

**星：**えぇ!! そうなの!?

**齋：**だから私たちもそうなるんじゃない？ 辞めたら。

**星：**後輩がいっぱい入ってきて、変わったことってなんかある？

**齋：**なんだろうね、あるかなぁ。ちょっと前までは、一人で仕事する時も、私一人にさして影響力はないから、私一人の発言で乃木坂がどうとか思われることは別にないだろう、一人だし、楽にやればいいだろうっていう気持ちが強くて、昔は結構気楽にやってたけど、今は逆に乃木坂46自体が大きくなっちゃってるから、誰か一人の発言でもちょっと大きくとらえられたり、グループの印象になっちゃったりすることが増えたと思う。そういう意味では、今の方がいろいろ考えながら動いてる。

**星：**でももう、飛鳥は乃木坂の顔だよね。

**齋：**顔ではない。

**星：**若いメンバーの代表みたいな感じ

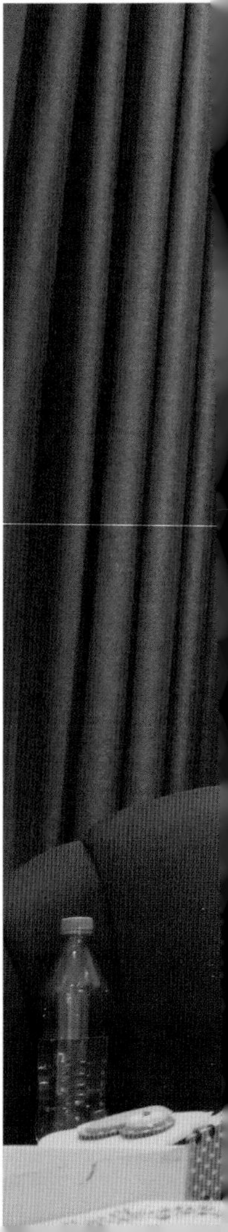

じゃん。だから、よりそういうことがあるんじゃない？

齋：もしね、もし、自分に子どもができて、アイドルになりたいって言われたら、やらせる？
星：やらせない。
齋：私も絶対にやらせないって思った。
星：だよね。
齋：別にアイドルが嫌とかそういうことじゃなくて、やらせないなって思う。
星：やらせない。
齋：若い時からやるのは勧めないな。
星：うん、学校でのびのび部活して、塾とか行かせて、バイトとかして。
齋：そういうの経験してなかったもんね、私たち。
星：自分がやってない分、やらせてあげたいっていうのはあるし、わかる。
齋：子ども好きなんだっけ？
星：大好き。
齋：私たぶん、母性が皆無。全くない。
星：なんで!?
齋：嫌いとかではないけど……。
星：でも絶対子どもできたら。
齋：可愛がるかな？
星：うん。と、思う。
齋：まだわかんないけどね。想像が全然できない。
星：心配。飛鳥がママなんて。
齋：なんで!? こっちこそ（笑）。
星：え、みなみ大丈夫だから！
齋：意外と大丈夫なタイプなんだよね。
星：わりとね。
齋：……寝るか。
星：片付けるか……。なんかお腹すいてきちゃった（笑）。
齋：わかる（笑）。小腹すいてきた。
星：あそこ行きたい、サン・ミゲル市場。まだやってるのかな？

セルフモードで
撮ってみよう!

3本の水鉄砲
やったことない！
楽しい〜〜!!

気持ちいいな、海。
海、満喫した!

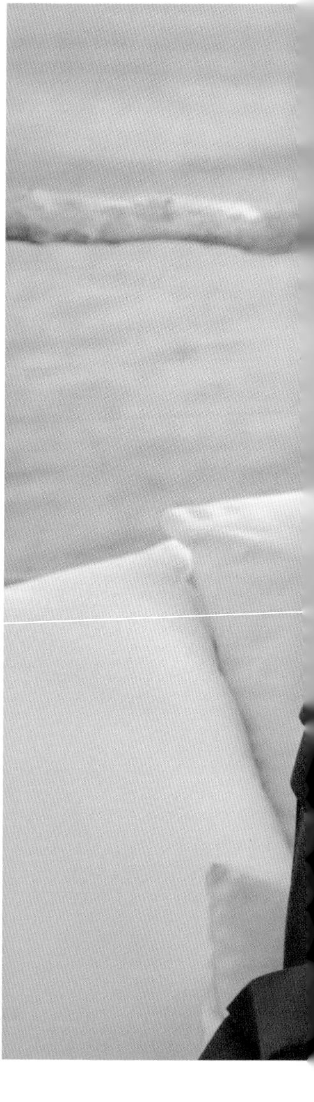

3日間ありがとうございました。
……また行こう、ね

# 不仲説流した人はざまあみろだね。

**星野みなみさん（以下、星）**：乾杯しましょ。

**齋藤飛鳥さん（以下、齋）・星**：カンパーイ！

**星**：変な感じだね、二人でお酒飲んでるの。

**齋**：変な感じ。あ、おいしい。

**星**：こんないいところで……。今日は飲みましょ。

**齋**：平気？ 飲める？

**星**：うん。でも半年ぶりぐらい。

**齋**：なに以来？

**星**：友達の誕生日祝って以来かな。普段飲む？

**齋**：おうちとかでは飲まないけど、ご飯一人で行って、たまーに気が向いたらって感じ。

**星**：ご飯一人で行くの？

**齋**：うん。別にいないもん、誘う人も誘ってくる人も。

**星**：何もしゃべんなくても誰かと行けばいいじゃん。

**齋**：私はそれでいいんだけど、相手が楽しくないとやだなって思っちゃって。

**星**：たしかに。

**齋**：普段、1期生のお姉さんメンバーといると可愛がってもらえて、ちょっと妹っぽい感じで甘えられるし、後輩と一緒にいると後輩が甘えてきてくれるでしょ。

**星**：うん。

**齋**：でもみなみは同年代だからさ、一時期私、どういう風に接していいんだろうなって思った瞬間があって。

**星**：うそ！

**齋**：あったあった。

**星**：同い年だから。

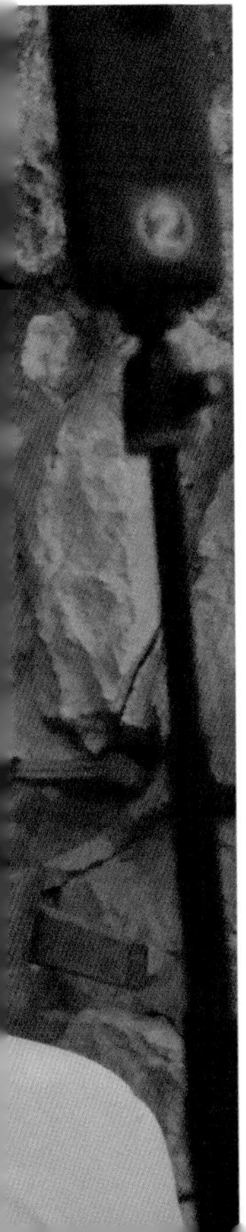

齋：そう。どう接するのが正解なんだっけ？って。みなみとこの旅をしてみて、私は沈黙が大丈夫な人なんだけど、相手が嫌かなって思って頑張っちゃうタイプなの。でもみなみと二人でタクシー乗ると、私ずっと黙ってたり寝てたりするじゃん。

星：私ずっと外見てるしね、車酔いしちゃうから（笑）。

齋：それで成立してる空気感がありがたかった。

星：逆にウザくなかったかなって。

齋：なんで？

星：みなみ、共有したくてたまらない人だから。

齋：なるほどね。

星：見てあれ！ これ何だろう！ すごくない!? って、全部気持ちを言っちゃうからさ。

齋：あぁ、うん。

星：友達とかからはよく流されるの。

齋：でも私は新鮮で面白かった。

星：お互い、いい具合に補い合ってる気がする。

齋：似てるとこと真逆なとこがちょうどいいバランスなんだろうね。

星：そうそう。自由なところは自由だしね。

星：月出てるよ。

齋：だいぶ暗くなったね。

星：真っ暗だね。綺麗。

齋：星？ 光ってる。

星：みなみにしては飲んでる方。

齋：うん、ペース速いね。強くないなら普通は加減して飲むんじゃない？（笑）

星：酔っぱらってないから、大丈夫だから！ まだこれしか飲んでないから。酔っぱらってるって思われたらやだ。

齋：思ってない思ってない（笑）。

星：こんなんじゃないから、大丈夫。飛鳥って酔っぱらったらどうなるの？

齋：へらへらゆらゆらしてる。

星：一緒じゃん！

齋：で、急に寝たりする。

星：寝ちゃうタイプね。

齋：でも楽しくなる、基本は。

星：でも、楽しかったね。

齋：うん。

星：また来たい？

齋：来たい。

星：行こうよまた。また行こ。

齋：てゆうか、みなみならまた誘える気がする。ご飯行こうって。

星：ほんと？ 私たぶん断んない。眠くない限りは。眠かったら眠いって言うし。

齋：（笑）。

星：8年もいたけど初めて知ったこともあるし、初めて一緒にしたこともあるし、意外と知らないこともいっぱいだなって思った。

齋：いっぱいあるね。変わっていくしね、みんなね。

星：ファンの人もたぶん嬉しいと思う。気になってたよ、たぶん。

齋：不仲説流した人にはざまあみろだね。

星：ほんとだ、ざまあみろだ。こんな3日4日も一緒にいられないからね。

齋：ほんとだよ。

星：最後だし一緒に写真撮ろ。真っ暗になっちゃったけど。

齋：真っ暗だ。

星：でも逆にこの景色も夜景も綺麗だし……。はい、OK。いっぱい撮ったね。思い出いっぱい増えた。

齋：いっぱい撮ってくれたよね。……ありがとうございました。

星：こちらこそ、ありがとうございました。いろいろとうるさくてすみませんでした。……また行こう。

齋：ね、また行こう。

# ASYU ♥ MINA in Spain Instagram

大きなパエリアがいい！と、出発前から話していたのです。
#悲願の　#念願の　#待望の
#おおきなパエリア
#激おいしい、、
#乃木坂46　#あしゅみな
#乃木坂世界旅　#今野さんほっといてよ！
by齋藤飛鳥

カフェで待ってる飛鳥ちゃんのところに♪
#ひとりで電車乗れたよ
#すごいでしょ　#褒めて^_^
#乃木坂46　#あしゅみな
#乃木坂世界旅　#今野さんほっといてよ！
by星野みなみ

パエリアを取り分ける店員さんの、手際の良さに夢中になりました。
#パエリアで　#テンション上がる星野先生
#先生の願いが叶えられ
#吾輩は嬉しい限りでございます
#乃木坂46　#あしゅみな
#乃木坂世界旅　#今野さんほっといてよ！
by齋藤飛鳥

スペイン初ご飯！
#もぐもぐ飛鳥ちゃん
#かわいいね〜
#乃木坂46　#あしゅみな
#乃木坂世界旅　#今野さんほっといてよ！
by星野みなみ

ウキウキでお会計。長時間のフライトでも割れないようにと願いながら、2人で梱包作業を見守りました。
#家族にお土産
#買えて大満足
#優しい子や
#乃木坂46　#あしゅみな
#乃木坂世界旅　#今野さんほっといてよ！
by齋藤飛鳥

くまさん可愛い〜飛鳥ちゃんのだけどひとくちくれました^_^
#ちなみに　#みなみちゃんは
#オレンジジュース♪
#店員さんがいい人で
#英語話せなくても通じる
#乃木坂46　#あしゅみな
#乃木坂世界旅　#今野さんほっといてよ！
by星野みなみ

**今野さんへの報告としてアップされたインスタグラム。**
**スペインでの素顔のあしゅみなに癒されてください！**

どっちの色がいいと思う？ どっちの大きさが使いやすいの？ と、真剣に悩んでおりました。
#結果　#星野家の食卓に
#このお皿　#似合いすぎる
#お皿を支える指2本　#可愛すぎる　#乃木坂46　#あしゅみな
#乃木坂世界旅　#今野さんほっといてよ!
by齋藤飛鳥

楽しみにしてたセグウェイでスペインの街をお散歩♪
#意外と難しくて　#最初は大苦戦
#でも天気が良くて最高
#またやりたーい!
#乃木坂46　#あしゅみな
#乃木坂世界旅　#今野さんほっといてよ!
by星野みなみ

マドリードの、どこかの何かの前で撮りました。
#飛鳥ちゃん　#セルフィーでツーショットは　#不慣れで下手っぴらしいです　#どこの何だっけ?
#乃木坂46　#あしゅみな
#乃木坂世界旅　#今野さんほっといてよ!
by齋藤飛鳥

お祭りの屋台みたいな感じでいろんな食べ物が売ってて楽しかった〜!
#大量の生ハム
#目の前でカットしてくれる
#お酒飲みたくなっちゃうけど
#今日は我慢
#乃木坂46　#あしゅみな
#乃木坂世界旅　#今野さんほっといてよ!
by星野みなみ

たくさん考えて選んでいました。迷ったみなみはお母様にお電話していましたが、そういえば、結構な時差がありますね。
#相手が喜ぶであろうものを
#しっかり選ぶタイプ　#堅実
#しかしお母様は　#夢の中
#乃木坂46　#あしゅみな
#乃木坂世界旅　#今野さんほっといてよ!
by齋藤飛鳥

生ハム食べて美味しくて泣いちゃう。
#の顔らしい
#テンションが上がってる飛鳥ちゃん^_^
#乃木坂46　#あしゅみな
#乃木坂世界旅　#今野さんほっといてよ!
by星野みなみ

生ハムを待つみなみ、お腹はペコペコですが、この表情。
#ハムを待つ姿　#それだけでも伝わってくる　#彼女は可愛いの天才
#Do you understand?
#乃木坂46　#あしゅみな
#乃木坂世界旅　#今野さんほっといてよ!

by齋藤飛鳥

可愛いお店発見!お買い物タイム♪
#お揃いの時計　#も買ったよ
#お家に飾ろ^_^
#乃木坂46　#あしゅみな
#乃木坂世界旅　#今野さんほっといてよ!

by星野みなみ

世界遺産
#この街を歩いてたんだよ〜
#どこらへんにいたんだろ。
#乃木坂46　#あしゅみな
#乃木坂世界旅　#今野さんほっといてよ!

by星野みなみ

このTシャツ、趣味が違ううちらが珍しく「可愛い!」って即決
#お揃い　#髪型も!
#乃木坂46　#あしゅみな
#乃木坂世界旅　#今野さんほっといてよ!

by星野みなみ

正しい食べ方がわからず悪戦苦闘しましたが、美味しいものは美味しい。
#エビを剥くみなみは　#ちょっと雑でした　#食べれりゃいい
#乃木坂46　#あしゅみな
#乃木坂世界旅　#今野さんほっといてよ!

by齋藤飛鳥

海がすっごい綺麗で子供みたいにはしゃぎました^_^笑
#この写真1番お気に入り
#赤ちゃんみたい
#乃木坂46　#あしゅみな
#乃木坂世界旅　#今野さんほっといてよ!

by星野みなみ

# ASYU♥MINA in Spain Instagram

早起きひとりでトレドに^_^
英語が全く話せないみなみちゃん。飛鳥ちゃんいなくて不安の中なんとかお買い物できました
#今野さんへのお土産　#も買えたよ!　#天気がよくて　#まぶしいー! って顔
#乃木坂46　#あしゅみな
#乃木坂世界旅　#今野さんほっといてよ!
by星野みなみ

ちょっと肌寒いけど麦わら帽子買って南国気分
#あったかかったら
#海入りたかったな〜
#乃木坂46　#あしゅみな
#乃木坂世界旅　#今野さんほっといてよ!
by星野みなみ

一人で地下鉄に乗って現れるみなみちゃんを、一足お先にカフェで待つあすかちゃん。待ってる時間も楽しい。(^_^)
#みなみ大丈夫かなぁ
#心配しつつも　#檻の中のような写真で　#にこにこ
#乃木坂46　#あしゅみな
#乃木坂世界旅　#今野さんほっといてよ!
by齋藤飛鳥

スペイン来て初生ハム。ここで食べてから美味しすぎて1日1回は生ハム食べてたなー
#実は日本帰ってからも　#食べました。
#見事にハマった
#乃木坂46　#あしゅみな
#乃木坂世界旅　#今野さんほっといてよ!
by星野みなみ

セグウェイに乗る時はヘルメット着用! 安全第一でございます。
#ブルーのヘルメット
#飛鳥はコーディネートばっちり
#みなみは暖色のイメージだけど
#ブルーも似合うのね、、
#乃木坂46　#あしゅみな
#乃木坂世界旅　#今野さんほっといてよ!
by齋藤飛鳥

移動中の車で
#ふたりとも　#車では寝たいタイプ
#乃木坂46　#あしゅみな
#乃木坂世界旅　#今野さんほっといてよ!
by星野みなみ

スペインに行く前から楽しみにしてた闘牛!
#迫力がすごくて　#ちょっとびっくり。　#でもいい思い出^_^
#乃木坂46　#あしゅみな
#乃木坂世界旅　#今野さんほっといてよ!

by星野みなみ

甘いものは2人とも好きなのです。
ひとくちずつ交換こも致しますよ。
#デザートまで美味しい
#店員さんは日本語がわかる?
#みなみの日本語にも
#普通に応えてくれました
#乃木坂46　#あしゅみな
#乃木坂世界旅　#今野さんほっといてよ!

by齋藤飛鳥

水鉄砲なんてしたのいつぶりだろ。
#はしゃぎすぎて
#ズボンびしょびしょ。
#楽しいから　#まあいいか
#乃木坂46　#あしゅみな
#乃木坂世界旅　#今野さんほっといてよ!

by星野みなみ

水は苦手なのですが、最近は海が好きです。足だけ入ってぼーっとしたい。
#今までで　#1番綺麗な青
#足は　#じっくり見ないでください
#乃木坂46　#あしゅみな
#乃木坂世界旅　#今野さんほっといてよ!

by齋藤飛鳥

またまた海シリーズ
#ただただ可愛い　#ので載せました
#以上
#乃木坂46　#あしゅみな
#乃木坂世界旅　#今野さんほっといてよ!

by星野みなみ

おおきなお水を2人でシェア。
#顔面2つ分　#それなら
#みなみの顔面　#1つください
#乃木坂46　#あしゅみな
#乃木坂世界旅　#今野さんほっといてよ!

by齋藤飛鳥

# ASYU ♥ MINA in Spain Instagram

セルフタイマーで撮ろう!ってなってやってみたけどタイミング難しい
#写真は下手だけど
#楽しそうなのは伝わる　#はず!
#乃木坂46　#あしゅみな
#乃木坂世界旅　#今野さんほっといてよ!

by星野みなみ

メノルカ島の海はとにかく素晴らしい!
#海　#島　#みなみ　#綺麗すぎるな
#これは幻か?
#乃木坂46　#あしゅみな
#乃木坂世界旅　#今野さんほっといてよ!

by齋藤飛鳥

空の広さってゾッとしますが、ホッともするのですね。
#綺麗な景色に動くきもち
#今日だけは
#共有できる相手が横にいる
#2人旅もいいもんだなぁ
#って、みなみちゃんに伝えよう
#乃木坂46　#あしゅみな
#乃木坂世界旅　#今野さんほっといてよ!

by齋藤飛鳥

ふたりでお酒
#シャンパン　#飲んじゃった♪
#中学生だったけど
#大人になったよ〜
#乃木坂46　#あしゅみな
#乃木坂世界旅　#今野さんほっといてよ!

by星野みなみ

風が強く海に入ることはできないと思っていましたが、足だけザブザブ、できて良かったなぁ。
#ズボン捲り上げ
#張り切って入水
#カメラは死守
#乃木坂46　#あしゅみな
#乃木坂世界旅　#今野さんほっといてよ!

by齋藤飛鳥

普段日本にいるときは意外とふたりで写真撮ること少ないけどこの旅ではいーっぱい写真撮りました
#写真フォルダに飛鳥ちゃんいっぱい　#わーい
#乃木坂46　#あしゅみな
#乃木坂世界旅　#今野さんほっといてよ!

by星野みなみ

# 堀未央奈 & 北野日奈子 in New Caledonia

乃木坂46 2期生の仲良しコンビ、「ほりきた」が訪れたのは自然豊かなニューカレドニア。乗馬をしたり、マリンスポーツをしたりと、アクティブに楽しみました！
そんな二人の3日間をご紹介します。

# 今回の旅で やりたいことList!

## 01 乗馬をしたい

「小さいころ休みの日にたまに乗馬に行っていました」（堀さん）「すごいな堀家!」（北野さん）

## 02 シュノーケリングをしたい

顔、水に
つけられる……？

「でも泳げないんだよなぁ」（堀さん）「日奈子も背泳ぎしかできない!」（北野さん）

マルシェには
北野さんが大好きな
犬がいたり……

## 03 様々な動物と触れ合いたい

ニューカレドニアは様々な
動物の宝庫！「ウミガメが
見れたら嬉しいな」(堀さん)

レストランに
猫がいたり……

## 04 友達との旅行を経験したい

「乃木坂の活動で忙しくて友達
と旅行をしたことがなかったか
ら、すごく楽しみ！」(北野さん)

これ
買おうよ！

ほりきたイチオシ！

# ニューカレドニア味わいづくしプラン

## DAY1

**ニューカレドニアの海を思う存分楽しむ一日目。**
**おいしいご飯も見逃せません。**

### 8:00

### 宿泊したホテル、ル メリディアン・ヌーメア・リゾート&スパのラウンジで待ち合わせ

フロントでタクシーを呼んでもらい、日本語のフリーマガジン「ピクニック」をGET。タクシーに乗ってマルシェに出発！

カフェオレ、
甘くておいしい！

### 9:30

### マルシェに到着。朝食をとる場所を探す

お揃いのカチューシャとヘアゴム、仲良しの2期生へのお土産のサラダボウルを買う。
マルシェ内のカフェテリアでクロックムッシュとカフェオレボウルの朝食。その後、マルシェ近くの市街地を散策

- 常時40種類以上のチョコレートが揃う**ショコラ・モラン**
- キュートなおもちゃ店**サジュ**
- ヨーロッパでセレクトしたアイテムが揃うおしゃれショップ**アレンコ**

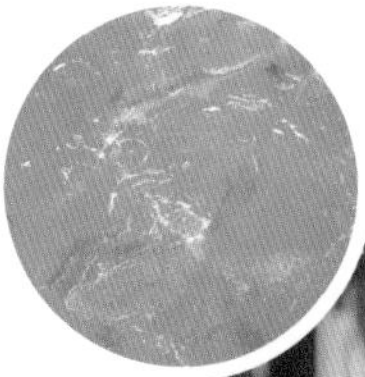

日奈子、魚にばっかり
パンあげないで自分で食べて～

### 12:00

### 水上レストラン ル・ルーフでランチ

海が吹き抜けになっていて、魚にパンをあげることができる

- タコのカルパッチョ
- マグロのたたき風フォアグラとラディッシュのスパイシーブイヨン
- ローカル牛のオントレコットペッパーソース

などを堪能

## 14:30

## タクシーボートに約20分乗って、島全体がアクティビティスポットなメトル島へ

マリンアクティビティができるアクアズールにて水上バイクを借りて大はしゃぎ。その後SUPで水上散歩中にウミガメに遭遇!

海を制覇するぞ!

初運転だ! やば〜い!

やっぱ強いわ 未央奈は

## 20:00

## お色直しをして大人気のレストラン シェ・トトへ

元々名古屋でフレンチレストランをしていたフランス人と日本人の夫婦が営んでいるので日本語が通じ、味もどこか日本人好み

- 生ハム
- 天使の海老のウイスキーフランベ

などをワインとともにいただく

## 21:30

## ホテルのラウンジでティータイム

乃木坂のこと、2期生のことを熱く語り合う……

## DAY 2

午前中は乗馬体験で、海以外のニューカレドニアの自然を体感。
午後からは飛行機で離島のイル・デ・パン島へ。

### 9:00
### ホテルでビュッフェ朝食。現地の人と触れ合う

ホテルからタクシーに乗って乗馬スポットへ出発

眺めが綺麗!

### 10:30
### 馬の育成などを行っているヤラランチに到着

乗馬の先生サラさんの指導のもと、乗馬レッスン開始。

**レッスン1：**馬に乗る／馬の機嫌が悪く、〝ほったらかし〟できないような状態に。いったんロケ中断で、通訳さんを入れて馬の乗り方をしっかりレクチャーしてもらう

**レッスン2：**平場で練習／少しずつ馬との意思疎通もできるように!

その後、山道へ。しかし堀さんの馬の機嫌が悪く、残念ながら途中で堀さんは下山……。北野さんはそのまま続け、馬にコンノサンと名前を付けて大自然を満喫する。北野さん下山後、堀さんもコンノサンに乗馬、無事二人とも乗馬を楽しむことに成功

久しぶり&初めての乗馬にドキドキ

### 15:00
### ヌメア・マジャンタ空港から国内線でイル・デ・パン島へ

小さな飛行機、座席は自由席。30分のフライトで到着。イル・デ・パン空港到着後、バスに乗って西の村へ。日本人ガイドのゆりさんと合流し、プチ酋長のもとへ撮影の許可取りに向かう。貢物の布、たばこ、1000CFP（パシフィックフラン）を持ち、儀式を行う。儀式終了後、ウレ・テラ・ビーチリゾートにて自転車を借り、カヌメラビーチ、クトビーチを回る。クトビーチでは水平線に沈む夕日を眺める

## 19:30
### ラ・ピローグで夜ご飯

宿泊するル メリディアン・イル デ パンのメインダイニング。シーフードパスタ、魚介のパイ包みスープなどを堪能

## 21:00
### レストランを抜け出し、夜の海をお散歩

レストランから続く、海への道を二人で動画を撮影しながらお散歩

### お部屋でパジャマトーク

真剣なお話からパイ投げゲームまで、二人の夜は更けてゆく……

**DAY3** ホテルから川を下った先にある天然のプール、ピッシンヌ・ナチュレで楽しみにしていたシュノーケリング。名産のロブスターも堪能。

## 10:30
### ホテル出発

ホテル内のアクティビティハウスでシュノーケリング、フィンを借り、ピッシンヌ・ナチュレを目指して出発。歩いて川を下り、ジャングルの中を歩き、到着。魚にパンをあげたり、大きな魚を怖がったり、ウミヘビに遭遇したり、シャチの浮き輪で大はしゃぎしたり、楽しむ

ガーリック風味でおいしい！

## 13:00
### バーベキューレストランKÔ-NGÉ-ÂA-KÉでランチ

朝仕入れてきたイル・デ・パン産のロブスターの丸焼きを出してくれるレストラン。香ばしくガーリック風味のおいしいロブスターを食べて、旅の思い出を振り返る……

## マルシェ内のカフェテリア

カフェオレ
ボウル

両手で抱えるほどのボウルになみなみとカフェオレが注がれている。パンを浸して食べるのがフランス流

クロックムッシュ

フランスの朝食の定番。食パンにチーズとハムをはさんでプレスし焼いたもの。上に目玉焼きがのると、クロックマダムになる

日本では考えられない大きさ! ミニ親子丼ぐらいある!

# MUST

## ル・ルーフ

マグロのたたき風
フォアグラと
ラディッシュの
スパイシーブイヨン

フォアグラ二度目という堀さんもお気に入り

タコの
カルパッチョ

マンゴーと柑橘のソースが爽やか

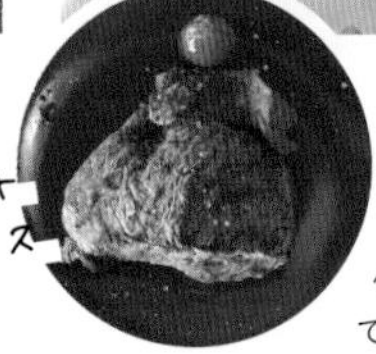

ローカル牛の
オントレコット
ペッパーソース

ミディアムレアに焼いた牛肉に少し辛めのペッパーソースが絶妙にマッチ。付け合わせはライスでがっつり!

# シェ・トト

天使の海老の
ウイスキー
フランベ

ニューカレドニア産のブランド海老「天使の海老」は、自然の餌のみで育てた高級海老。甘い味が特徴的な天使の海老をシンプルにフランベした一品

どれも
おいしかった!

# EAT!!

魚介だ〜
おいしい!

# ラ・ピローグ

イル・デ・パン産のエスカルゴは絶品! 二人は食べていなかったのですが、好きな方はぜひチャレンジしてみて

## マルシェ

ヌメア市内で毎朝5時～11時までオープンしている朝市。月曜休み。野菜や果物、鮮魚、雑貨など、何でも揃う。マルシェ内のカフェではフランス風の朝ご飯を食べることができる

日本と違って
ぐいぐい行かなきゃ
ダメなんだね～

## ヌメア市内

マルシェから徒歩圏内のヌメア市内は、おしゃれなショップがたくさん。堀さん、北野さんが訪れたショコラトリー「ショコラ・モラン」、おもちゃ店「サジュ」、セレクトショップ「アレンコ」など、個性的なお店が揃っている

# MUST

おもちゃ屋さんで
ティアラをゲット!

## メトル島

ニューカレドニアの本島からタクシーボートに乗ると約20分で到着するメトル島は、島全体がアクティビティスポット。島内には水上コテージを備えた高級ホテルも。島の周りはダイビングスポットとしても有名で、ブラックマンタとの遭遇率も高いんだとか

## ヤラランチ

風が気持ちいい〜

ニューカレドニアは20人に1人が馬を持っていると言われているそう。オーナーたちの馬を預かり、調教なども行っているのがヤラランチ。広大な敷地の中で馬と触れ合うことができる

## イル・デ・パン島／カヌメラビーチ

イル・デ・パン島の三大ビーチのうちの一つ。波に削られた岩に緑が茂り、他では見ることのできない景色が見られる。シュノーケリングスポットとしても人気

# GO!!!

## イル・デ・パン島／クトビーチ

イル・デ・パン島の三大ビーチのうちの一つ。イル・デ・パン島で最も綺麗なビーチと言われている。スクラブに使われるほどきめ細かな白砂が気持ちよい。海岸線が西に広がっているため、絶好の夕日スポットとされている

## イル・デ・パン島／ピッシンヌ・ナチュレ

サンゴによって外海から隔てられた海。波がなく、一番浅いところは50cmほどの天然のプール。たくさんの熱帯魚と安全に遊ぶことができる

# ・LOCATION LIST・

堀さん、北野さんが訪れたのはこちら。
自然も街並みも存分に楽しみつくした3日間でした。

ル メリディアン・ヌーメア・リゾート&スパ

7 Prom Pierre Vernier BP1915, Nouméa Cedex, Nouméa, New Caledonia（**MAP**①）

+687 26 50 00

https://www.marriott.co.jp/hotels/travel/noumd-le-meridien-noumea-resort-and-spa/

二人が泊まった、アンスバタ湾近くに建つリゾートホテル

マルシェ

51 Rue Georges Clemenceau, Nouméa, Grand Terre, New Caledonia（**MAP**②）

+687 27 35 51

毎朝5時～11時までオープン。月曜は休み。二人は雑貨やお土産を購入し、マルシェ内のカフェテリアにてクロックムッシュ(500CFP)とカフェオレボウル(400CFP)で朝食

ショコラ・モラン

9 Rue Eugéne Porcheron, Nouméa, New Caledonia（**MAP**③）

+687 27 31 77

https://www.chocolatsmorand.nc/

ヌメアで一番人気のショコラティエ。トマトやモヒートなど、40種類以上のショコラが揃う。ほとんどのショコラが試食でき、好きな味を少しずつ買うことができる

アレンコ

23 Avenue du Maréchal Foch, Nouméa, New Caledonia（**MAP**④）

+687 28 14 72

ヌメア市長がオーナーを務めるおしゃれなセレクトショップ。北野さんはスニーカー(14261CFP)とベルト(8800CFP)とポーチを、堀さんはスニーカー(18640CFP)を購入

ル・ルーフ

134 Promenade Roger Laroque, Anse Vata, Nouméa, Grand Terre, New Caledonia（**MAP**⑤）

☎ +687 25 07 00

http://www.cuenet.nc/roof.html

アンスバタ湾に浮かぶ、ニューカレドニアでトップレベルの高級レストラン。お店の真ん中に海を見下ろす吹き抜けが! 運が良ければイルカがやってくることも

アクアズール

Îlot Maître, New Caledonia（**MAP**⑥）

aquazurnc@gmail.com

http://www.alizedive.com/diving/activity.html

様々なマリンアクティビティを体験できる。日本語メニューがあり、日本人スタッフがいるので安心。二人が行ったジェットスキーやSUPの他にも様々なアクティビティが体験できる

シェ・トト

15 Rue Auguste Brun Quartier Latin, Nouméa, Grand Terre, New Caledonia（**MAP**⑦）

☎ +687 28 80 42

ヌメアで絶大な人気を誇る、フランスの家庭料理のお店。以前名古屋でフレンチレストランを経営していたフランス人シェフは日本語がペラペラ。天使の海老のウイスキーフランベ（3200CFP）や生ハム（2300CFP）などを堪能

ラ・ピローグ

Baie d'Oro BP175, Ile Des Pins, New Caledonia（**MAP**⑧）

☎ +687 46 15 15

https://www.marriott.co.jp/hotels/travel/ilpmd-le-meridien-ile-des-pins/

二人がイル・デ・パン島で宿泊したル メリディアン・イル デ パンのメインダイニング。おしゃれなティファニーブルーのテーブルクロスが堀さんのお気に入り!

KÔ-NGÉ-ÂA-KÉ

Oro Bay, Near La Piscine Natural | Proche de la piscine naturelle, Ile Des Pins, New Caledonia(**MAP**⑨)

☎ +687 45 95 30

海沿いのキャンプ場にあるBBQレストラン。朝獲れのイル・デ・パン産ロブスターを食べることができる。ファンキーなオーナーさんにも注目

ニューカレドニア
楽しかった〜!

ほりきたに行ってほしかった!

## 旅行情報誌『るるぶ』プレゼンツ
## ニューカレドニアおすすめスポット

**ニューカレドニアならではのグッズや食べ物を購入できるお店をご紹介。お土産にもぴったりです!**

### カジノ・スーパーマーケット

10 Rue Jules Garnier, Nouméa, New Caledonia(**MAP**⑩)
☎ +687 26 17 33

ポートプレザンス・ショッピングセンター内にあるスーパー。食品はもちろん生活雑貨などが揃っていて、オリジナル商品も多い。プチプラなフレンチコスメ、ニューカレドニア産の加工食品など、手ごろなばらまき土産が見つかる。地元の人に交じって暮らしているような気分が楽しめるのもポイント

ニューカレドニア産のニアウリのはちみつ

バゲットにハム&チーズを挟んで簡単朝食のできあがり

### ジェニファー

22 Rue de l'Alma, Centre Ville, Nouméa, New Caledonia(**MAP**⑪)
☎ +687 25 52 08

カジュアルウエアから水着、セクシーなランジェリー、アクセサリーまで多彩なアイテムが揃うブティック。トレンドを取り入れながら遊び心のあるデザインが目を引く水着やリゾートウエアは要チェック。現地でそのまま身に着けられるリゾートコーデが、リーズナブルに揃えられる

パッと目を引くフラミンゴ柄のビキニ

掘り出し物が見つかるかも!

## アンビアンス&スタイルズ

30 Rue Auguste Brun, Quartier Latin, Nouméa, New Caledonia（**MAP**⑫）

☎ +687 27 72 33

海をイメージしたインテリア雑貨も揃う

インテリア雑貨やヒーリンググッズなど、ホームプロダクトがずらりと揃う雑貨店。南仏テイストのカラフルな雑貨は見ているだけでも楽しく、日本では目にしないお役立ちキッチンアイテムも見つかる。地元の人にも愛されている店で、いつも多くの人で賑わっている

花の形をしたティーストレーナー

## アンフィニテ

24 Rue de Sebastopol, Nouméa, New Caledonia（**MAP**⑬）

☎ +687 27 80 60

ゆったりとくつろげるティーサロンを併設

オーナーがセレクトしたフランスの紅茶やティーグッズが揃う専門店。フランスのブランド「パレデテ」の紅茶はパッケージがかわいくて女子好みで、お土産にもおすすめ。ユニークなデザインのセンス溢れるティーカップやポットも購入可能。店内にはティーサロンも併設されている

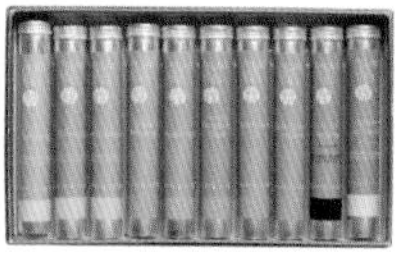

10種類の茶葉を試せるセット商品が人気

## トントン・ジュール

7 Bis rue du General Mangin, Nouméa, New Caledonia（**MAP**⑭）

☎ +687 27 39 49

気になるチョコレートは味見もできる

量り売りのチョコレート。かわいいエッフェル塔チョコも！

メイド・イン・ニューカレドニアのおしゃれなショコラティエ。チョコレートの甘い香りに迎えられて店内に入ると、カウンターには宝石のように並ぶチョコレートが。好みのものを量り売りで購入できるほか、かわいらしくラッピングされたセット商品もある。イートインスペースもあるのでカフェ利用も可

---

## ラ・ルート・デ・エピシズ

35 Rue de Verdun, Nouméa, New Caledonia（**MAP**⑮）

☎ +687 29 17 29

いつもの料理をグレードアップしてくれるスパイス

（左）ココナッツの実でいぶした燻製塩（右）希少なニューカレドニア産のバニラビーンズ

世界中の珍しいスパイスやニューカレドニア産の調味料を揃えるスパイスの専門店。スパイスの知識豊かなスタッフが丁寧に使い方を説明してくれるうえ、購入した商品を使用したレシピまでつけてくれる。おすすめはニューカレドニア産のバニラビーンズやココナッツの燻製塩

# ·New Caledonia MAP·

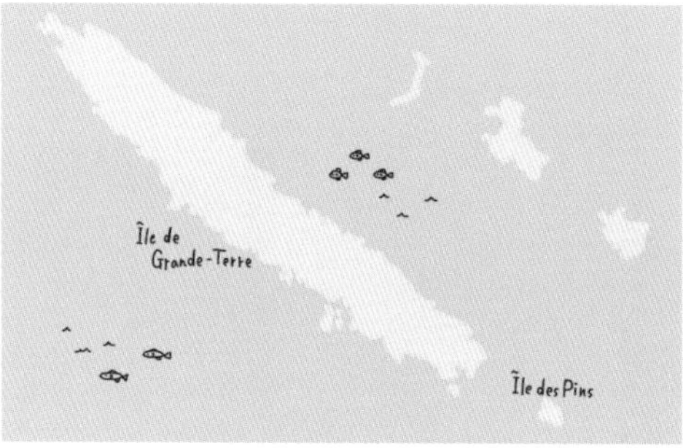

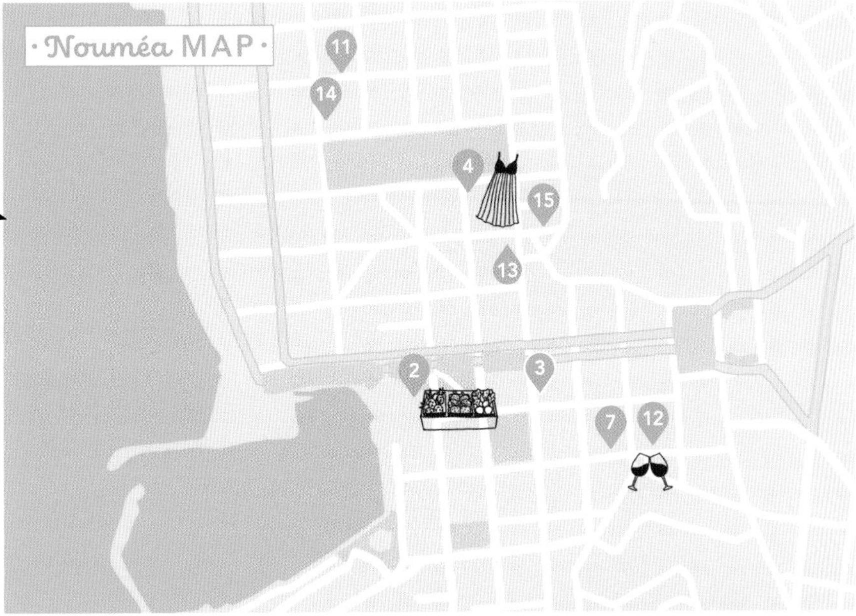
·Nouméa MAP·
11
14
4
15
13
2
3
7
12

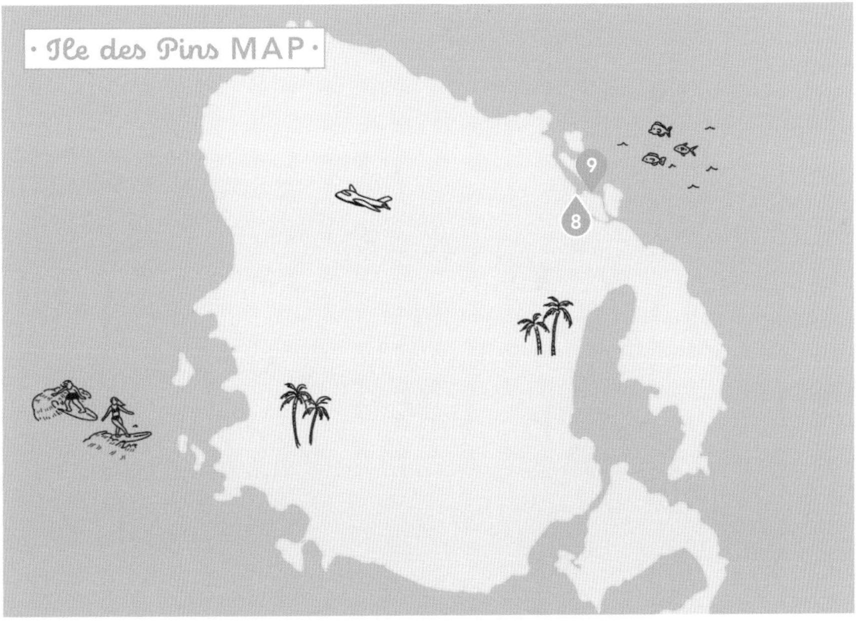
·Ile des Pins MAP·
9
8

Swimming in
Piscine Naturel!!!

シャチが
来たら魚
逃げちゃった!

あ！
フレンチブル！

可愛い〜
一緒に写真撮ろ

誰の犬だろう？
市場の犬なのかな

うんまい！
ハムチーズ！

マダムじゃなくて……ムッシュ！
クロックムッシュ、おいしい～

海外ドラマの、セレブな学生みたい！

ん〜！
おいしい！

人生で初めての
運転だ～!

きゃ〜！楽しい！
なんか悪いことしてるみたい！

カメ！
未央奈カメだよ！
初めて見た！

今日はお疲れさま。
明日も天気良いと
いいね

二人のトークは
次のページに！

# 日奈子とか未央奈は、あきらめてないよね。
# ……あきらめちゃだめだよね、私たちは。

**北野日奈子さん（以下、北）**：乃木坂に入ったころは、7年後にこうしてるとは思わなかった。

**堀未央奈さん（以下、堀）**：私も7年もいると思わなかった。

**北**：まあね。

**堀**：16歳で入って、センターになった時から4、5年間は辞めたいって気持ちが大きかった。でも、やらなきゃいけないこととか、自分がまだ叶えてない目標とか、応援してくれてる人とかがいるから、結果、いやまだ辞めない、頑張るっていう方向になるんだけどね。

**北**：やっぱ強いわ、未央奈。

**堀**：学生時代は平凡に暮らしたい人だったよ。なんの波もなく、ただ平和に何事もなく、苦労もせず、みたいな感じだったけど。この世界って、ちょっとでも心が折れたら、一瞬で取り残されちゃう。自分自身も追いつけなくなるし、周りもどんどん先に行っちゃう。だから自分がその先を行かないとっていう覚悟じゃないけど。

**北**：でもそれ、未央奈からすごい感じる。覚悟とか意識とか。10代のころは、未央奈のいいところなんだけど、日奈子から見たら、なんでそんなに上手に生きられるんだって思ってた。

**堀**：え、上手に生きているように見えた？

**北**：もがきながらも、自分が選択したものをやり遂げられるじゃん。それが失敗にならないというか。

**堀**：ううん、失敗もしてるよ。

**北**：でも日奈子も20代になって、休業とかいろんなことがあるうちに、未央奈に対しての気持ちとか、他のメンバーに対しての気持ちが全然変わった。大人になったとかじゃないけど、感情の置き方をいろいろ考えられるようになって、もっといろんな人の気持ちに寄り添えるようになったんじゃないかな。

**堀**：私と日奈子って結構正反対。

**北**：うん。

**堀**：私がすごい顔に出にくいタイプだとすると、日奈子はわりと、すごいにこにこしてる。私こんなに無邪気な笑顔ってできないし、そういうのって天性のものだと思う。周りをちゃんと見てるからこそだ

と思うし。

北：いやいや……。でも一回マジで笑えなくなってさ。素の自分でいすぎたっていうのもあるんだよね。かといって今も素の自分でいるんだけど。素の自分でいすぎたことによってすごく辛くなって、これじゃあ続かないから、もう少し頑張らなくてもいいやとか、もう少し自分を抑えていいやと思った時に、ファンの人の中で日奈子への違和感が増えて。その違和感を訴えられることによって、自分の中の違和感が増えて。

堀：そうだね。アイドルってわりとそうかもね。女優さんとか俳優さんは、役として評価されるから、その人本来の姿が見えるのって、バラエティとかちょっとでしょ。ずっといろんな作品の役として生きているけど、私たちは自分自身が表に出て、自分自身がみんなに見られるキャラとか対象だから、何の服も着ずに、傷つきに行ってるみたいなところがある。だけどそういう経験してる人ってすごく強くなれる。そこで戦って褒めてもらった時とか認めてもらった時、得るものがきっと大きい。だからアイドルってすごくいい仕事だなって思う。私は。

北：形に残ることも大切だけど、形に残らず思いだけが募っていくことも2期生には大切だった。そこが強みだし、でも弱みでもあるよね。

堀：なんかでも、悔しいんだよね、最近ずっと。……あ、だめだ、泣いちゃう……。

北：泣きます！

堀：泣かない。人前で泣かない……。

北：やっぱね、最近すごく思うのは、未央奈はちゃんと向き合ってるってこと。でも、私が向き合ってみた時に何が一番最初に来るかというと、悔しいっていう思いが来る。なんでだろうね。すごくこの環境はありがたいし幸せだし、みんなのこと大好きだからいいんだけど、悔しいよね。……同じ「悔しい」かわかんないけど。

堀：いや、同じだと思う。自分の感情っていうよりも、みんなのことを思うと泣けてくる。

北：目の前で届かないとかならまだわかるんだけど、かすりもしないところでばん！って打ちのめされること多いよね。

堀：もっとできるのになとか、任せてもらえたらとか、頼ってもらっても期待以上にできる準備はできてるって思うけど、自分も含めてなかなかそういうわけにもいかない。もどかしさじゃないけど、もっとこうなったらいいのになとか、こうしたいなとかが、なかなかうまくいかないことが続いてたから、本当にこのタイミングでグループを変えていきたいって思うんだよね。2期生が出しきれてない部分が多くて、やっぱりすごいもどかしい。みんないっぱい頑張ってるから。実力もすごいあるし。

北：そのなかでもさ、日奈子とか未央奈はあきらめてないよね。

堀：あきらめちゃだめだよね、私たちは。

北：あきらめてないなって思う。表に見えるところでも裏のとこでもあきらめたことはないなって思うから、ずっと日奈子と未央奈はそうやって思っているからこそ、いられるんだと思う。悔しいよね。気持ちはあるのに、気持ちを置く場所がないのとか。

堀：だから私たちがそういうの、いっぱい口にして、行動にして、浮いてもいいからメンバーのためとか自分のためにできることを残された時間でやらないと。後悔しそうだなって思って。

北：大丈夫。未央奈がそうやって浮いても、日奈子はそっち派だから。

堀：一緒に浮いてくれる？

北：うん、一緒に浮こう。

堀：負けたくないな。

北：大丈夫だよ。

堀：大丈夫？

北：当たり前じゃん。

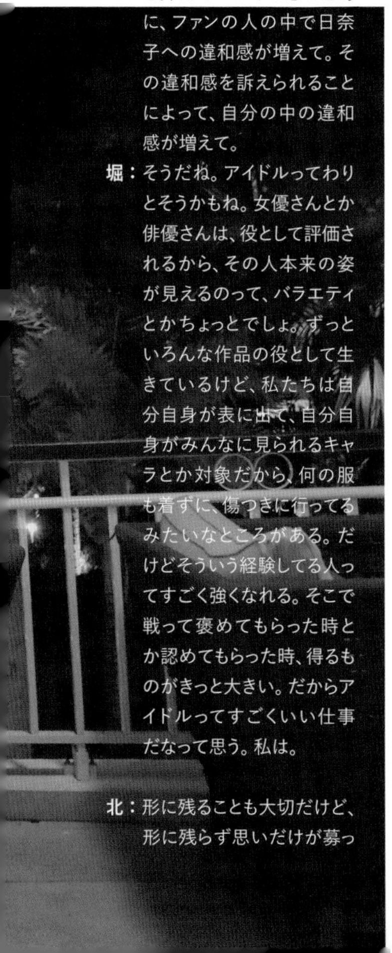

少しずつ
慣れてきた！

こんなに綺麗な海初めて！
なんか、おいしそう……！

これ、今野さんに似合いそうだね。
3人お揃いにしよ!

タイミングが
全然合わない！

水と砂の混じった
ところも綺麗～

夕日沈むから、
ちょっと座って夕日見よ！

# 妄想好きだから、妄想トークしようよ。私、妄想だけで生きていける!

**北野日奈子さん(以下、北):**この旅で一番テンション上がったこと何だった？

**堀未央奈さん(以下、堀):**水上バイクで運転手としての自覚が芽生えた。

**北：**免許取るの？

**堀：**車？

**北：**車。

**堀：**ううん。

**北：**え？ 水上？

**堀：**ううん。

**北：**……なんの免許取りたいの？

**堀：**バイク！

**北：**バイクなの!?

**堀：**握手会とかバイクで行く。

**北：**やめろ！ でもなんか資格持ってたよね？

**堀：**料理の資格持ってるよ。

**北：**すごいね。学生の時？

**堀：**そう。取らなきゃいけなくて。

**北：**そっち系の学校だったもんね。

**堀：**そう、保育士目指してたから、保育系も学びつつ、食物系もやってて。日奈子は？ 動物系？

**北：**うん。小学校４年生の時に保健所のワンちゃんを引き取りたいっていうお母さんとお父さんの意向で、12月27日に見に行ったの。もらう前に講習受けなきゃいけないから、その日は見に行くだけだったの。でもチップを見た瞬間にもう無理！ってなって。一応「どのワンちゃんが良いですか？」って聞かれるんだけど、チップ見た瞬間にあの子が良い！って職員の人に言いに行って。お母さんは「今日は連れて帰らない、検討するだけ」って言ってたんだけど、チップを抱いて砂利道を走って。そこから夢は愛護関係、かわいそうな命をゼロにするっていう夢になった。今はそれしかない。

堀：私もなんかやんなきゃな。

堀：妄想好きだから、妄想トークしようよ。私、妄想だけで生きていける。

北：やめて！ そんな悲しいこと言わないで！

堀：ここにずっと座ってても楽しい（笑）。

北：じゃあ、どうやってプロポーズされたい？ 特別が良い？

堀：うん。

北：特別派かぁ。

堀：うちの家族サプライズ好きなの。だから自分もサプライズ好きな人が良いなって思う。日奈子は何げない日常派？

北：うん、日常が良い。レストランとか予約される分には良いんだけど……。でも人前もヤダ、二人っきりの時が良い。

堀：私、スタンディングなんちゃらかんちゃらみたいな……。

北：え！ だる！

堀：フランスで有名な美術館とかチョコレート屋さんとか行って、夜にオペラの演奏会があるから行こうって言われて、そしたらショーが終わって暗くなったらパッ！って自分にスポットライトが当たって。

北：え、客席に座ってるのに？

堀：うん。そしたらいつの間にか隣にいた彼がいなくて、ステージに白のタキシード着て立ってるの。おっきい花束を持って。

北：100本の薔薇？（笑）

堀：ううん、1000本の薔薇！

北：（笑）。

堀：「カモン！」みたいに言われて。

北：カモン!? 外国人？

堀：外国人の設定。

北：わかった、OK、カモン飲み込んだ（笑）。

堀：言われてステージに行くと、アカペラで私に向けての歌を歌われるの。

北：もう笑ってるじゃん！（笑）

堀：そしたらパッ！って幕が開いて、後ろがキラキラに変わってて、疑似結婚式みたいな感じになってて、そこでプロポーズされるの。みんながスタンディングなんちゃら。

北：スタンディングオベーション？

堀：オベーションって言うんだ……。それが良い。

北：で、会場を後にするの？

堀：うん。

北：ですって！ 皆さん！

# 私がこの3年間やってきたことを、
# 未央奈は簡単にやれるんだっていう不安。

**北野日奈子さん(以下、北)**：仲悪くはなかったけど、距離ができた時期があったじゃん。

**堀未央奈さん(以下、堀)**：なんとなく、日奈子と話さなくなったなって思った時期はあって、でもそういう時もあるよなって、あんま気にしてなかった。

**北**：日奈子はどちらかというと自分から距離を置いた意識があったから、だからすごい覚えてる。

**堀**：なんで？ 原因がわかんないんだけど。

**北**：原因があるとかじゃないのよ。

**堀**：あ、そうなんだ。

**北**：未央奈は2期生の先頭をずっと走ってきて、最初から託されたじゃない。そのあと日奈子は(選抜から)落ちたけど、未央奈はずっと選抜が続いてて。一緒に頑張ろうって言ってたし、ライバルだったし、しかもまだ10代だったし、ずっと未央奈と一緒に、同じラインで頑張るっていう気持ちはあったんだけど、9枚目(シングル)でアンダーに落ちてから、未央奈がすごく遠くなった。仕事が違うっていうのもあるし、日奈子もアンダーライブが本格的に始まった時期でもあって、やりがいがあるからアンダーとして頑張ってたし、一緒に走るっていうよりも、未央奈は前を走っている人っていう、そういう意識だったの。たぶんそれは、悔しい気持ちとか、逃げの気持ちもちょっとあったと思うんだけど。未央奈を視野に入れなくなった。それで、自分の中でアンダーメンバーとしての立ち位置とか、乃木坂における存在意味とかをなんとなくわかってきた時に、未央奈がアンダーに来たの。

**堀**：私は、落ちるって感じてたけどね。センターから始まっちゃうと、いわゆるアイドルとして世間の人からの見え方として、トップじゃん。そこから始まっちゃうと、目指すところがわかんなくなってて。経験値もなく、ゴールに先に来ちゃった。そのあと、フロントの端、2列目飛ばして3列目の端にしばらくいて、もうこれって自分に相当な何かを見つけないと確実に落ちるなっていうのを覚悟していて。実力不足もあったし、あのタイミングでアンダーに行くだろうなっていうのは、何もない私にとって救いでもあったし、恐怖でもあった。センターの時と同じぐらい、大きな壁を渡された感じだった。

**北**：その時、すごい衝撃だったの。未央奈自身も絶対衝撃すごかったと思うんだけど、その隣ですっごい衝撃だったの。日奈子その時ずっとアンダーの3列目だったんだけど、未央奈が降りてきたタイミングでフロントになったの。少しずつ認めてもらえてるのかな、もっと頑張ろうって思ったフロントで、まさかの未央奈が来て。見えないぐらい前を走っていた未央奈が横にいて。自分もやっとフロントに立って引っ張っていけるようになる。でも前を行っていた未央奈が横にいる？ って、感情が自分の中ですごく乱れて。私が今までこの3年間やってきたことと同じだけのことを、未央奈は簡単にやれるんだって

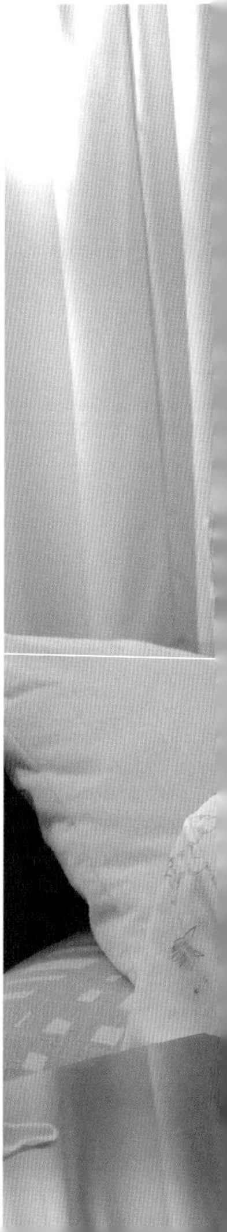

いう不安。でもどうやって距離を取ったらいいかわからないし……。でも、未央奈も初めてのアンダーで初めてのセンターで、支えなきゃいけないって思ったから、そういう気持ちを全部なくして、支えるってだけにしたの。自分がフロントだから頑張りたい。でも今はとりあえず、フロントになった自分を見せるっていうよりも、センターになった未央奈を支えるフロントになりたいって、他のことを全部考えないようにして、あのアンダーライブをやってた。

**堀：**めちゃくちゃ支えられたよ。覚えてる。

**北：**本当にしたいことだったけど、いろんな感情が自分の中にあって、それさえも偽善なのかとか、毎日考えてた。

**堀：**なんだろうね、そういういろんな感情が出るのはしょうがないし、アイドルって仕事はいろんな人と比べられて、自分でも人と比べて自信を無くしちゃったりして、グループも良くしたいのに、自分も頑張んなきゃいけないっていう、いろんな悩みが一気に来るじゃん。その葛藤が10代の時は特に強かった。どこのポジションでもそれぞれの悩みがあって、まったく一緒の悩みの人なんていないから、100％わかりきってあげられないこともあると思うけど、わかり合うことはできるから。

**北：**歩み寄ろうっていうのはあったよね。

**堀：**年を経るごとにどんどん支え合っているから、今すごく仲良いんじゃないかな。……明日が最終日だけど、楽しみましょ。

海の綺麗さに改めて感動。
ここで生涯を終えたい〜

シャチなら
怖くない！

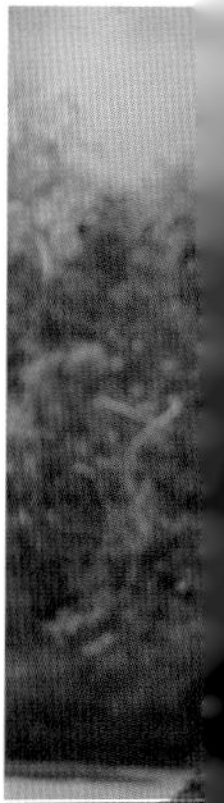

バランス崩れちゃった！　未央奈のせいだ〜　そんなことないって〜！

絆を深めあえた
旅でした。
ほんとに楽しかった!

# HORI♥KITA in New Caledonia Instagram

マルシェにて　おっきなカフェラテボウルと、クロックムッシュ!
#乃木坂46　#北野日奈子　#堀未央奈　#同期　#同い年　#堀北
#堀北コンビ　#ニューカレドニア
byみおな

こういう青春っぽいことにすぐ憧れる私たち。15枚くらい撮ってやっと綺麗にとれた1枚
美しい海と岩でした!
#海と大きい岩　#憧れた青春
#堀北コンビ　#堀未央奈　#北野日奈子　#乃木坂46
#乃木坂世界旅　#今野さんほっといてよ!
by北野日奈子

マルシェで朝からお買い物
朝ごはんを食べる前に雑貨やお土産を選ぶ堀北コンビ。お腹空いた〜と言いながらお買い物してたら何だかいつもより欲しいものをスパッと決められてた気がした。
#マルシェ #朝食の前に #お買い物っと #みおなぴんもテンションあがって #裏ピースだぜっ
by北野日奈子

うぅ、可愛い。可愛いよ、わんこたん。ニューカレドニアはミックスが多いって聞いたよ。私の愛犬チップも雑種なんだよ、わんこはみーんな可愛い。これを撮ってくれた未央奈が写真を撮って私に一言。「ひなこ、、、顔がとろけすぎだよ。」
#わんこは宇宙を救います #チップ
#わんちゃん大好き北野日奈子
by北野日奈子

街ブラ途中に見つけたおもちゃ屋さんに行きたいって言ったら未央奈がいこいこ〜って
何でもいいねと言ってくれる相方さん、女子旅って楽しいものだ、普段から仲良いからこそより楽しいんだ!
#しっかりお互い欲しいものを買う
#外国のおもちゃ屋さん　#初めて入ったよ　#なんであんなにワクワクするんだろう　by北野日奈子

おもちゃ屋さんで見つけたプリンセスのティアラをつけてランチへ。こんなことできるのも海外マジック。笑
#乃木坂46　#ミニプリンセス
#お姫様になりたい
#堀北　#堀北コンビ
#北野日奈子　#堀未央奈
#ニューカレドニア
#乃木坂世界旅　#今野さんほっといてよ!
byみおな

**たくさん自撮りをしていたほりきたコンビ。**
**インスタグラムにも可愛い写真が盛りだくさんでした。**

ニューカレドニアの海はどの国の海よりも綺麗だって色々な国に訪れたことのある方が言ってた! そんな海へいざ!! パーカー柄違い!
#ニューカレドニア　#海　#堀北コンビ　#堀未央奈　#北野日奈子
#おでこちゃん出しました
#おでこひなこちゃん

by北野日奈子

おもちゃ買ったぞ～の顔。
2人でいるとついついはしゃいじゃいます。23歳なのにね。笑
#乃木坂46　#北野日奈子　#堀未央奈
#同期　#同い年　#堀北　#堀北コンビ　#ニューカレドニア
#乃木坂世界旅　#今野さんほっといてよ!

byみおな

初SUPをしていたら!!! なんと!!! なんと!!! 野生のウミガメを発見!!!! 感動したよ! 水族館でしか見たことなかった! 本当にいるんだ! ニューカレドニアの海には。#ウミガメ見つけた時にみり愛の顔が浮かんだ#ウミガメと私をしっかり撮ってくれる天才カメラマン　#その名も　#堀未央奈

by北野日奈子

海に浮かぶレストラン
風が気持ちよかった～
プリンセス気分。笑
#乃木坂46　#北野日奈子　#堀未央奈
#同期　#同い年　#堀北　#堀北コンビ　#ニューカレドニア
#乃木坂世界旅　#今野さんほっといてよ!

byみおな

クッキーを半分こ
楽しそう笑
#乃木坂46　#堀北　#堀北コンビ
#北野日奈子　#堀未央奈 撮影
#ニューカレドニア　#カチューシャ
#お揃い
#乃木坂世界旅　#今野さんほっといてよ!

byみおな

クッキーを半分こにしたのだ。その半分を食べきってしまった日奈子とまだ食べてない未央奈。まだまだクッキー沢山あったから食べようとしたけど「夕飯食べれなくなるから我慢しなさい」って未央奈さんに言われました
夕飯を食べ終わったあと残りのクッキーは日奈子ちゃんが全部もらいました　めでたしめでたし

by北野日奈子

夜ご飯の生ハムが美味でした
日奈子、わんちゃんみたい〜
かわいい!
#乃木坂46　#堀北　#堀北コンビ
#北野日奈子　#堀未央奈 撮影
#ニューカレドニア　#dinner
#乃木坂世界旅　#今野さんほっといてよ!
byみおな

久しぶりの乗馬にドキドキ
凄い勢いで水を飲むお馬さんをみて驚いているわたしを日奈子がケラケラ笑いながら撮ってくれました。
たくさん居て可愛かったなぁ!
#乃木坂46　#乗馬　#堀北　#堀北コンビ　#堀未央奈　#北野日奈子 撮影　#ニューカレドニア
byみおな

未央奈っちはどこにいても映えますね、写真撮っていて何度も凄いな〜と思わず声が出ていました
#ニューカレドニア #カヌメラビーチ
#パンツスタイルの未央奈さん
#いい風吹いてるね
#同い年　#にきちゃん　#堀北コンビ　#堀未央奈　#北野日奈子
#乃木坂46
by北野日奈子

イルデパン島の歴史的な岩を見ました! 海も綺麗だしひなこの横顔も素敵。このあとタイマーの自撮りではしゃぎましたが、なかなか上手く撮れず歳を感じました。笑
#乃木坂46　#北野日奈子　#堀未央奈
#同期 #同い年 #堀北 #堀北コンビ
#ニューカレドニア #イルデパン島
byみおな

クト・ビーチで綺麗な夕日が本日のお仕事を終えるところを待っている時。(つまり日の入りですね)どんな瞬間も心から楽しむ未央奈といるのが楽しいんだ〜
#ニューカレドニア　#クトビーチ
#笑ってる躍動感
#笑顔が眩しいっすよ未央奈さん
#いつまでも一緒に笑い合おうね
#堀北コンビ　by北野日奈子

ホテルのレストランでディナー
このお店の水色のテーブルクロスの色を凄く気に入ってた未央奈ちゃん! ちゃんと画角に入るように頑張って撮ったよ
#上手く撮れたから褒めてほしい日奈子ちゃん　#ディナー　#ディナー用に着替えておめかしした私たち
#ふぅ〜　#お腹いっぱいだ〜
by北野日奈子

# HORI ♥ KITA in New Caledonia Instagram

映え…てる…????? #乃木坂46
#北野日奈子　#堀未央奈　#同期
#同い年　#堀北　#堀北コンビ
#ニューカレドニア　#イルデパン島
#乃木坂世界旅　#今野さんほっといてよ!

by みおな

デザートもしっかり食べたい派の日奈子に食べたいのを2種類選ばせてくれた未央奈　そのうちの1つのチョコレートケーキと未央奈たん
#ありがとう　#ふへへへへへ
#大人の顔になったね
#16歳の頃に出会ってるから
#その頃と比べたら大人っぽくなった私たち　#堀北コンビ

by 北野日奈子

この旅でひなこの事がもっともっと、だいすきになりました。同期で同い年で性格は違うけどどこか似ていてずっと隣にいてくれた相方です。頑張ろうね！ たくさん笑いたいね
#乃木坂46　#北野日奈子　#堀未央奈
#同期 #同い年 #堀北 #堀北コンビ
#ニューカレドニア #イルデパン島

by みおな

楽しみにしてたシュノーケリングへ行く前の大はしゃぎ堀北コンビ
泳げるかな? どうかな?
#2人とも背泳ぎしかできない
#それを知って爆笑しました
#未央奈大好きだよ　#とーっても大好き　#いつもありがとう
#突然こういう気持ちを伝えたくなる
#ふぅ〜私は幸せものだ〜

by 北野日奈子

砂浜にあるレストランで最後のご飯！ ロブスターが有名で、すっごく美味しかったです。また食べたいな
#乃木坂46　#北野日奈子　#堀未央奈
#同期 #同い年 #堀北 #堀北コンビ
#ニューカレドニア
#乃木坂世界旅　#今野さんほっといてよ!

by みおな

国内線で #イルデパン島 に到着
飛行機の中でもずっっっと話してました。笑
また2人で旅行行こうね〜
#乃木坂46　#北野日奈子　#堀未央奈
#同期 #同い年 #堀北 #堀北コンビ　#ニューカレドニア
#乃木坂世界旅　#今野さんほっといてよ!

by みおな

## 乃木坂46 STAFF

**TOTAL PRODUCER**
秋元 康

**PRODUCER**
秋元伸介、磯野久美子(Y&N Brothers Inc.)

**ASSISTANT PRODUCER**
中根美里(Y&N Brothers Inc.)

**ARTIST PRODUCER**
今野義雄(乃木坂46合同会社)

**ARTIST MANAGER IN CHIEF**
菊地 友(乃木坂46合同会社)

**ARTIST MANAGER**
渡邉恵美子、河木容子(乃木坂46合同会社)

## 「#乃木坂世界旅 今野さんほっといてよ!」STAFF

**PRODUCER**
片野正大、古賀吉彦(ABEMA)
東 考育、神山健一郎(テレビマンユニオン)

**DIRECTOR**
筏津英一(テレビマンユニオン)

**ASSOCIATE PRODUCER**
黒澤隼人、樫尾 魁、岩崎佑生(ABEMA)
小谷中真実(ケイマックス)

**ASSISTANT PRODUCER**
浦瀬皓介(ABEMA)

**STYLIST**
倉島千佳、菅野 悠

**HAIR & MAKE-UP**
吉田真佐美、PON(白石麻衣、松村沙友理)、宇藤理沙(齋藤飛鳥、星野みなみ)、新山知佳(堀未央奈、北野日奈子)

## BOOK STAFF

**ART DIRECTION & DESIGN**
望月昭秀、片桐凜子(NILSON)

**PHOTOGRAPHER**
鈴木健太

**ILLUSTRATOR**
Hanna

**SPECIAL THANKS**
三浦 尚、JTBパブリッシング、岡田ジュリー、伊藤博子、大川文子、今村 博、深田紗矢、藤原奨太

**PRODUCER**
小玉圭太(幻冬舎)

**EDITOR**
菊地朱雅子、黒川美聡(幻冬舎)

# のぎたび

**in ハワイ 白石麻衣&松村沙友理、**
**スペイン 齋藤飛鳥&星野みなみ、**
**ニューカレドニア 堀未央奈&北野日奈子**

2020年5月15日 第1刷発行

著 者 乃木坂46
発行人 見城 徹
編集人 菊地朱雅子
編集者 黒川美聡
発行所 株式会社 幻冬舎
〒151-0051東京都渋谷区千駄ヶ谷4-9-7
電話 03(5411)6211(編集)
03(5411)6222(営業)
振替 00120-8-767643
印刷・製本所 図書印刷株式会社

検印廃止

この本に掲載した記事やデータは、2020年3月現在の取材、調査に基づいたものです。発行後に、料金、営業時間、定休日、メニュー等の営業内容が変更になることや、臨時休業等で利用できない場合があります。また、各種データを含めた掲載内容の正確性には万全を期しておりますが、おでかけの際には電話等で事前に確認・予約されることをお勧めいたします。なお、本書に掲載された内容による損害等は、小社では補償いたしかねますので、予めご了承くださいますようお願いいたします。


ISBN978-4-344-03602-4 C0026
幻冬舎ホームページアドレス https://www.gentosha.co.jp/

この本に関するご意見・ご感想をメールでお寄せいただく場合は、
comment@gentosha.co.jpまで。